JN096019

誠意が
問われるとき

困難な時代をいかに共生するのか

アクセル・ハッケ

田村萬里／山本邦子 訳

行路社

AXEL
HACKE

*Über den Anstand in schwierigen Zeiten und die Frage,
wie wir miteinander umgehen* by Axel Hacke

© 2017 by Verlag Antje Kunstmann GmbH, München

Published by arrangement through Meike Marx Literary Agency, Japan

誠意が問われるとき

＊著者による原文中の挿入は（　）、訳者による補足・訳注は〔　〕で囲んでいる。

　夕方友人と居酒屋に行った。テーブルにつくとウエイターがやって来て、ビールを二つ注文しようということになった。ウエイターは店に置いてある銘柄を挙げたが、私はバイエルン山岳地方のものに決めた。「OK それにしよう」と友人は言った。しかしウエイターがビール樽の栓を開けに行くと、「OK と言ったけれど納得しているわけではないんだ、この銘柄は本当ならばもう飲むことができないからだよ」と言う。
「どうして今は飲めないんだ？」
　彼の話によるとこうである。そのビールメーカーの所在地が環境汚染のことでかなり問題になっている、つまり自然と住民感情を無視して工場を拡大していること、そのために多くの人がこの地ビールをボイコットしていること、そしてそのことに賛同すべきかどうかと思っている、ということであった。
「そういうことなんだけれど今となってはどうでもいいんだ」と言ってから「それほど重要でもないよ」とつけ加えた。
　ビールが運ばれてくると、私たちは飲みながらあれこれと話をした。ジョッキが空になるとウエイターが来たので、2杯目を注文した。先のメーカーの問題のことは忘れて私はジョッキをかかげ、彼は私の話にうなずいていた。しかし友人が2杯目に注文したのはバイエルンのものではなくベルリン産、いやもしかしたらヴェストファーレン産だったかもしれないが、もう忘れてしまった。
　しかしこの問題は彼には重大で、絶えず頭を悩ませていた。私が思うに彼は誠意ある人間で、世の人たちを、あるいは少な

くともバイエルン山岳地帯の環境を犠牲にしてまでビールを飲むつもりはなく、**誠意ある人間であろうとし**、そしてビールの1杯についても誠意のある姿勢を貫いているのである。

いずれにしても2杯目のビールを私は気に入った。

————

正直言って私は誠意をもつことについては特に考えたことはなかった。いつもその気持ちをもち続けられるわけではないが、それが可能であればよいことであるのは明らかだ。誠意があるということは他者を配慮することを意味していると思う。簡単なことをまず例として挙げてみよう。例えば少し疲れていてもトラム〔ドイツの50以上の都市で公共の交通機関として導入されている〕で高齢者に席をゆずること、本来その時間がなくても病気の友人を見舞うこと、急いでいても人を押しのけたりしないこと、気が進まないにしても葬儀に参列し遺族を慰めること、である。

自分を前面に押し出すのではなく、他の人たちも日常生活と人生において自分と同等の権利を有すると考えること、自分の行為の多くが他者に影響を与えることを忘れないことである。それゆえ友人と彼の言うビールの話もこのテーマの中心に含まれる。つまり、自分の行為が他者にどのような影響を及ぼすかを考えることが誠意の概念だと思うでのある。

私自身が誠意ある人間の条件を満たしているというわけではない。自分の目標に常に到達した状態の人間などいない。いわんや私などそうではない。人は望んでいるレベルに到達しないこともある。ここではそれを問題にしているのではない。

しかし誰かを「誠意ある人だ」と言えば、それは大讃辞だと思う。率直に言って大方の人間は誠意をもとうとする気持ちはあると思う。世界に一人で存在しているわけではないとはどういうこ

となのか、他者と理性的に共生するためには何をしなければならないかということへの意識はもっていると思う。

　これはいつも変わらないと思うのだが

　疑問もいくらかある。

　というのは、かなり前から誠意の喪失の大波がうなり世界中に押し寄せているだけではなく、海洋全体が荒れ狂っているからである。例を一つ挙げてみると、一人ひとりの誠意の喪失が一人の男をアメリカ合衆国の大統領にすることを妨げなかった世界に、われわれは生きているのである。そればかりかまさに自身の下劣な行為を披露したことが、大統領に就任する地ならしとなるような世界に生きているのである。

　ドナルド・トランプがしてみせた嫌悪をもよおさせる言動を一つひとつ挙げつらう必要はない。そこまではよけいだろう。2017年初頭、メリル・ストリープ〔1949年〜。アメリカ合衆国の女優〕がロサンゼルスでの**ゴールデン・グローブ賞**の受賞式のスピーチで行ったように、人びとを代表して彼の下劣な行為の一つだけを記憶に呼び起こすだけで十分であろう。トランプ氏は聴衆の面前で、病気ゆえに身体に障害のあるジャーナリストのまねをして見せたのだ。「この光景を目の当たりにしたとき私の心は張り裂けました。そしていまだにこのことを頭の中から追い払えないのです」とメリル・ストリープは言っている。

　これ以外にもわれわれは実に多くの耐え難いことと共存している。

　いわゆる**ネット炎上**とは、何人もの有名人があまり賢明ではない、いずれにしても軽率な発言をした後で経験しなければならなかったことである。それほど前からのことではないにしても、驚愕し言葉を失ってしまう出来事である。多くのインターネットコミュニティを支配しているトーン、日常的になってしまった誹謗

中傷や嘘といったものにわれわれはすでに慣れてしまっている。少し年長であれば誰であれ、ありとあらゆる激しくたけり狂った政治討論を思い出す。そこでは私が誠意と呼びならわしているものの境界は超えられていた。

しかしこれほどまでの規模で広がったことは一度たりともなかったであろう。

われわれが往来で目にするような下劣な言動が、信じがたいほど広がっているのはどういうことなのだろうか？　例えば2015年に、アンゲラ・メルケル首相とジグマール・ガブリエル〔1959年～。第三次メルケル内閣で2013～2017年、副首相兼経済・エネルギー相、2009～2017年、社会民主党党首〕を、ドレスデン中カメラで追いまわしながら罰せられることもなかった人たちのことはどうなのだろうか？

次の話はどうだろうか？

2016年初めにバーデン＝ヴュルテンベルク州の一家が乗った車が、アウトバーンのニュルンベルク東のインターチェンジ少し手前でトラックに衝突され押しつぶされた。母親と幼児3人が即死、父親は重態で大破した車から助け出された。アウトバーンは4時間通行止めになった。一車線だけ解除されると多くのドライバーがスマートフォンで写真を撮るために極端にスピードを落として事故現場を走行する様子を、警察が見ていた。同様のことは2017年5月、アウトバーン6号線での多重事故後にもあった。ドライバーは車から降り鍵をかけて撮影のために事故現場へ行ってしまった。施錠された車は、その間救助の道をふさいだのである。

よい身なりをしたこの若者についてはどうなのだろうか？　男は大型車で交差点を曲がるときに、青信号で渡っていた二人の子どもを連れた（私の知人である）母親のわきを走り抜けた。彼女が歩行者用の青信号を指さすと、この男は窓を開け「黙れ、ゲス

女」と言ったのである。

　何もかもを一緒にすることはできないことは確かだ。ありとあらゆる礼儀に欠けた粗暴な人間はこれまでもこの先もいるだろう。

　現在では似たような話はほとんど誰でも知っているし、結果この種の話は際限なくある、ということになるだろう。問題はわが国のような豊かな社会でなぜそういうことが広がっているのか、である。困窮し生存をかけた時代であれば、そのような文明の喪失は考えられるであろう。何がそういった行動に駆り立てるのか、しかもこの時代に。

　まず最初に詳細に取り組んでみようと思うのは、そのような行為へと駆り立てる感情である。

「誠意が失われていることが気になっています」とある読者が私に書いてきた。「『そういうことはすべきではありません』と言うと、今日では『どうして？　法律に違反していないじゃないか』と言われてしまいます。誠意というものの変わりやすい価値観に照明を当てる時代が来ていると私は考えます。私たちの人生を意義あるものにするのは法律ではないのです」

　この読者はさらにこう続けている。「私はラジオでゲオルク・シュテファン・トロッラーの対談を聞いていました。彼はジャーナリストで作家そしてドキュメント映画のプロデューサーです。ユダヤ人ゆえにナチから逃れるため17歳になるかならない1938年にウィーンを出ました（今日で言う同伴者のいない未成年の亡命者でしょう〔著者がこの注を付しているのは、以下のことが念頭にあると思われる。2015年に流入した難民のうち1万2千人以上が、2016年にはその倍の人数の未成年に保護者が同伴していなかった。彼らは虐待、人身売買また性的搾取のリスクにさらされ深刻かつ重大な問題であ

9

ったこと〕)。日常生活においてナチズムを実感するようになった
のはいつかと訊かれると、『ユダヤ人なので悪ガキどもが私の帽
子を奪って手の届かない木の上に投げる、といったことがますま
す頻繁になっていきました』とトロラーは当時の状況を語って
います。これと似たようなことを今日もわれわれは目にします。
まず最初にトーンが荒々しくなっていく、そして誠意、モラル、
倫理がほぼ全面的に機能しなくなり、これに行為が続くのです」

2015年ミュンヘンにオープンしたナチ・ドキュメントセンタ
ー NS-Dokumentationszentrum München を一度は訪れるべきで
あろう。どれほど突然にもあのようなことが起こるのかを、
1920年および30年代当時どれほど突如として誠意が失われ、ご
く普通の市民が路上で襲撃され、以後生活することができなくな
ってしまったのかを知るために、である。

私が針小棒大に言いたてていてヒステリックだと思っている人
たちには、短いが不安にさせるニュースがいくつかある。ヨーロ
ッパ最大のユダヤ人のスポーツイベントである**ヨーロッパマカビ
ア競技大会**の2015年のベルリンでの開催時に、危険すぎるとい
う理由でいくつかの市区ではキッパー〔ユダヤ人の民族衣装の一種
で男性がかぶる帽子〕の着用をやめるよう参加者たちに忠告しなけ
ればならない、とベルリンのユダヤ教区は考えた。今日に至るま
で状況は何一つ変わっていないのである。というのもこの2年後
に「**南ドイツ新聞**」*Süddeutsche Zeitung*〔ミュンヘンに本社を置く
南ドイツ新聞社が発行する日刊紙〕でユダヤ人の生徒パウル君の話を
読んだからである。ベルリンの学校で彼はいじめに遭い、暴言を
吐かれ、脅され、殴られたために退学をせざるを得なかった。学
校や教師からの適切なサポートもなかったということである。こ
の一件に加えてさらに多くのユダヤ人に対する暴力も挙げられて

いた〔パウル君の件も含めてすべてのケースの加害者は、アラブ人やトルコ人であった〕。**またこんなこともあった。**私が住んでいるミュンヘン市内の公道で、2015年5月に一人の男性が同性愛者であるという理由で殴られた。こういった襲撃も特殊なケースではない。「暴力による脅しまでを我慢しなければならないことを、最近ますます確信した」とイエンス・シュパーンは言っている。彼は国会議員で財務省の次官〔2018年～、厚生大臣〕、CDU〔Christlich-Demokratische Union, キリスト教民主同盟。1945年に結成。中道右派、以下 CDU と略〕の党幹部であり、パートナーとベルリンで暮らしている。2016年には難民施設への襲撃がほぼ千件にも及んでいる。また2017年春、「ビルト」紙スポーツ版 Sport-Bild〔「ビルト」紙はドイツのタブロイド判の日刊紙。有名人のゴシップや写真を多用した紙面〕では2面にわたってサッカーファンの増加する乱暴狼藉が幾件も合わせて報じられていた。それらすべては数日のうちに起きた事件であった。コペンハーゲンでは選手にネズミの死骸が投げつけられ、ノルウェーではラインズマンがこしょう入りのスプレーをかけられた。サン＝テティエンヌ〔フランス中南東部の都市〕ではスタジアムがフーリガンの襲撃を受けたため、試合を非公開にしなければならなった（この暴力行為は数週間前に処罰されている）。フランクフルトでは「スタジアムの入場を禁止するポリ公に死を」と書かれた巨大なプラカードが掲げられていた。アイントホーフェン〔オランダの都市〕とハンブルクでは発煙筒の発火のために試合が中断された。これらが起こったことのすべてだと言うにはほど遠いのである。

　2017年6月のことだったが、これを書き終えた直後に「シュピーゲル」誌 Der Spiegel〔「鏡」の意。ヨーロッパで発行部数最大のニュース週刊誌〕でイギリスでの日常の変化について読んだ。「イギリスのメディアでは報じられてはいないが、イスラム教徒の少女

たちは唾を吐かれ、車には吐瀉物の入った袋が投げつけられ、ワイパーには豚肉がはさまれていた」

　ミシェル・オバマ前アメリカ合衆国大統領夫人は、夫の在任中の2016年秋に行った有名なスピーチの中で、**誠意ある人間の基本**を想起させてくれた〔10月13日、ニューハンプシャー州でヒラリー・クリントン候補の応援演説を行い、トランプ候補の女性蔑視にも言及した〕。

　その基本とはいったいどういうものなのか？
　誠意の概念は決して明確ではなく、すべての人が同じように理解しているとは思えない。この「変わりやすい価値」をより精確に解明していく作業にとりかかることにしよう。

　この言葉について質問するとほとんど誰もが少しずつ違うことを念頭に浮かべる。
　バイエルンの友人は、息子のギムナジウムの成績評価の中に次のような一文を見つけた。「彼の行動にはいつも誠意がある」。時代遅れでカビが生えたようなこの表現はいったい何を意味しているのだろうか、と友人は考えた。子ども時代によく耳にした「礼儀正しく行動しなさい。行儀よく席に着きなさい」と同じような言い方に聞こえる。「両親の世代の偏狭なものすべてを、この表現は代表しているんだ」と彼は言う。両親の世代はとりわけ目立ちたくないと思うことがよくあり、それがためにあれこれと考えることはせずに硬直した規則に従っていた、ということなのである。
　別の友人はウーリ・ヘーネス〔1953年〜。ドイツ出身の元サッカー選手〕がFCバイエルン〔Fußball-Club Bayern München e.V. ミュンヘンを本拠地とする総合スポーツクラブ〕の会長に復職したことに

憤慨していた。犯罪者であったこの男は厚顔にもそのポストに舞い戻ったのである〔2013年に脱税の罪で有罪の判決を受けて収監された〕。「彼は服役したのだし、他の囚人にも誠意ある振る舞いをしたと聞いているよ」と私が反論したのに対して「よかろう、それは立派なことだ。だがその種の罪を犯したからには公職から身を引かねばならない、つまりサッカーチームの上に立つ者はスタジアムの多くの若者たちの模範なのだということを自覚していなければならないんだよ」と友人は言った。

3人目の友人は妻の話をした。彼女は幼稚園で一人の父親に「息子さんは感染症にかかっておられると思います」と注意をうながしてから、「他のお子さんのためにも息子さんは家におられた方がいいと思うのですが」と丁重に言った。これに対して彼女は自身の4歳の息子の面前で、この父親から罵詈雑言を浴びられたというのである。

これはいったいどういうことなのだろう？　誠意は？

何なのだろう？

誠意の概念により深く関わっている人たちは誰もが衝撃を受けるのであるが、ヒムラー〔ハインリヒ・ルイトポルト・ヒムラー、1900〜1945年。ナチスの官僚。親衛隊や秘密警察を統率〕は娘に贈る詩のアルバム〔思い出として詩句や金言を書き入れる記念帳〕に、1941年に「人生においていつも誠意があり勇敢で善良でなければならない」と書き込んでいる。この男は、1943年10月にポズナン〔ポーランドの都市〕でナチ党の幹部と親衛隊〔ヒトラーの護衛組織。第二次大戦中はユダヤ人の絶滅を図る〕を前にして行った二度の演説のうちの一つでも次のように述べている。

「『ユダヤ民族は抹殺される、当然のことだ。党の綱領に書かれている。われわれは彼らを抹殺しよう』と党員の誰もが言う。と

ころが8000万のすばらしいドイツ市民の誰にも彼にも立派なユダヤ人というのがいて、『他のユダヤ人がすべて豚なのはもちろんのことですが、この者だけはすばらしいのです』と言うとする。こんなことを言う者は誰一人としてユダヤ人を抹殺しようとはしないし、それに耐え抜くこともないだろう。ユダヤ人100人の、または500人の、あるいはまた1000人の死体が地に並べば、諸君はそれが何を意味しているのかを知ることだろう。この事実に耐え抜き——弱い性格という例外は別として——誠意をもち続けたことが、われわれを強くしたのだ。このことはこれまで書かれたことはなかったし、これからも書かれることもないわれわれの歴史における栄光の一ページなのだ」

　彼は何を考えているのだろうか？

　実におぞましい内容であるために辛いことではあるが演説をさらに読み進めていくとそれがわかる。

「親衛隊員にとって次の基本原則が絶対ルールでなければならない。すなわち、誰あろう同じ血の流れる者に対してのみ正直で誠意があり、忠誠心と同胞愛をもたなければならない。ロシア人やチェコ人がどうであろうと私には何の関心もない。他国にわれわれと同じ純粋な血の者が残されているのであれば、連れ戻そう。もし必要ならば、子どもを誘拐してわれわれのもとで育てよう。他国の民が繁栄しようが餓死することになろうが私にはどうでもいいが、彼らをわれわれの文化のための奴隷として必要とするのであれば、私の関心事となる。1万のロシア女がドイツ軍のために塹壕を掘ることに疲れて倒れようとも、私に関心があるのはドイツのための戦車壕が完成されるかどうかであり、必要でなければ粗暴で冷酷な人間にならなくてよい、それは明らかだ。われわれドイツ人は世界で唯一動物に対しても誠意をもって接する民族として、この種の人間動物にも誠意ある態度で臨むであろう。し

かし、彼らを心配したり彼らに理想を与えたりすることは、われ
われ自身の血に対する犯罪である。そうすれば、われわれの子ど
もたちが、孫たちが、より困難な時代を迎えることになる」

　これを読めば、誠意の概念の用い方があらゆる点で不適切だと
すぐさま断言できるだろう。世界史における最悪の大量虐殺者の
うちの一人が、自身と共犯者たちを誠意があると思い込み誠意を
説き勧めるのであれば、この言葉を今後どのように使ったらいい
のだろうか？　強制収容所をも統括できる二次的美徳の一つとし
て誠意という言葉が使われたがために汚されたとし、**いかなる道
徳的議論にも有害で役に立たない言葉である**との指摘が多いこと
も事実である。人類に対する最悪の犯罪者ですらも、自分の利益
のために利用できるほどあいまいで相対的な用語なのである。す
なわち意味をもっていない。
　これはそのような語だと言える。

　他方で、私がさらに注意を喚起したいのは次のことである。自
分のものではない概念を占有し、簡単にひっくり返して本来の意
味を奪い、そしてそのことによって闘いを有利に進めることが、
自由や真実また正義の敵対者たちの主要な戦略的原則であったこ
とである。ジョージ・オーウェル〔1903～1950年。イギリスの作家、
ジャーナリスト〕の有名な小説『1984年』〔1949年刊。全体主義国
家によって統治された近未来世界の恐怖を描いている〕の中で、宣伝
省は**真理省**と名づけられている。支配政党とその幹部、すなわち
ビッグ・ブラザー〔偉大な兄弟〕が掲げるスローガンには**自由は
隷属なり、戦争は平和なり、無知は力なり**と書かれている。この
体制の強制労働収容所は**快楽園**と呼ばれている。つまり言葉は正
反対の意味をもつことになる。その結果、最終的には何の意味も

もたなくなる。言葉は使えないものになる。反ビッグ・ブラザー派には言葉がまったくなくなってしまうのである。

これと似た中国の有名な格言を読んだことがある。「鹿を馬と言う」というもので、2000年以上前に皇帝に仕えた上級宦官で丞相〔古代中国の戦国時代以降のいくつかの王朝で君主を補佐した最高位の官吏〕であった趙高という男の話である。ある日彼は1匹の鹿を皇帝と集められていた大臣たちの前に連れてきて、「陛下、馬を献上させていただきます」と言った。大臣のうち、それは馬ではなく鹿だと言った者と驚きのあまり口を閉ざした者は処刑され、その他の者は許されたのである。

現代においても独裁国家の体制は同じである。国内には自由なインターネットアクセスが存在しないにもかかわらず、中国の首相はグローバルネットワークを推奨している。レジェップ・タイイップ・エルドアン〔2014年～、大統領〕のトルコもまた同様である。国内で彼に反対する者のほとんどがテロリストである〔2016年7月のクーデター未遂事件以降、政治的反対派を「テロリスト」と呼び大規模に粛清〕。ドナルド・トランプの考え方も独裁者のそれだ。選挙戦では、彼の言うことはまんざらでたらめでもないだろうと多くの有権者が実際に信じ込んでしまうほど、対戦相手のヒラリー・クリントンをペテン師であると中傷し続けたのである。

私にとって価値ある概念を簡単には手放さないだろう。そうすることは、私がその行為には誠意がないと思う人たちに対しての降伏の始まりになってしまうからだ（当然のことであるが、専制君主、独裁者そして犯罪者と私が考えている人たちは、誠意がないなどというレベルではない）。

誠意の喪失が彼らのような者たちが権力の座につくことへの地ならしになるのかという最初にかかげた問いの答えはその通り、なのである。誠意に対する気持ちがことごとく失われつつあると

いう事実は最悪の場合には独裁政治に至る道の第一段階になる可
能性があるということだ。

　ところで（話を戻すと）、私が友人と飲んだビールは本来、誠
意と関係があるのだろうか？
　この質問に答えるためにとりあえずわれわれに必要なのは誠意
を理解するためにある程度受容可能な定義づけであろう。あるい
は少なくとも誠意の概念についてさらにイメージすることであろ
う。
　手がかりとして次のように考えてはどうだろうか？　それ以上
のこともすべて明らかになるのではなかろうか。すなわち、誠意
を以下のことと理解する。正義に対する意識、他の人びとと基本
的に連帯する気持ち、公明正大であること、つまり見られていな
くても規則を守ろうとする気持ち、そしてまた自分自身に対して
も誠実で率直であろうとする気持ち、正直であること、すなわち
裏表のない言動と自身の言動を客観的に見ることができること、
そして可能な限り以上のことを守ろうとすること。

　ちょっとした話を付け加えよう。
　2003年のツール・ド・フランスでの第15ステージは、ピレネ
ー山脈のフランス側スキー場で、リュズ・アルディタンにある山
へ向かうコースであった。先頭集団を行くのはアメリカ人ランス・
アームストロング、ドイツ人ヤン・ウルリヒとバスク〔スペイン〕
人イバン・マヨであった。右カーブのところでアームストロング
は見物の人垣に接触してしまったため、ブレーキハンドルが一人
の男性のビニール袋にひっかかり動けなくなった。イバン・マヨ
もこれに巻き込まれた。
　ウルリヒと、この時点で前を行くアームストロングとの差は

15秒であった。走り続けていればこの差を縮めることも、追い抜くことも可能であった。

　しかしウルリヒは止まったのである。

　二人のライバル、アームストロングとマヨが走りだすまで彼は待っていた。これに対しアームストロングはこの状況を利用し、加速して走りだした。ウルリヒはいら立ったがアームストロングについていくことはできなかった。このステージと全ステージで総合優勝したのはアームストロングであった。ウルリヒは自身のフェアな行為の犠牲になったのである。

　なんて馬鹿げたことだろう！　しかし、当時最強のロードレーサーであったアームストロングとマヨの二人には、のちにドーピングが発覚し、アームストロングは優勝タイトルを取り上げられた。「フランクフルター・アルゲマイネ・ツァイトゥング」紙 *Frankfurter Allgemeine Zeitung*〔「フランクフルト総合新聞」の意、ドイツの日刊紙〕に書かれていたように、この二人は今日では「敗北者」である。彼らはレーサーとしてのキャリアの終盤に過ちのために名声を、またアームストロングの方は財産の大半をも失うことになった。それに反して転倒者を待っているという「**聖人のような振る舞い**」と、他人の災難を利用しようと思わない行為に示されていたのは、みなが等しく同じ条件で戦うこと、そして人より秀でることや勝利、成功といった価値に勝る価値があることへの深い理解であった。ドーピングはここだけのことではなかっただろう。

　「当時ロードレースではドーピングは普通のことだった」とこの二人は言うだろう。しかし、普通のことであったとしても誠意に反した行為であればやらないことが重要なのである。

　エーリヒ・ケストナー〔1899〜1974年。ドイツの詩人〕は小説『フ

ァビアン——あるモラリストの物語』*Fabian. Die Geschichte eines Moralisten*〔1931年、丘沢静也訳、2014年〕で一人の男のことを描いた。ナチが政権を掌握する少し前に彼は誠意ある生き方を求め、「世の人たちが誠意ある人間としての資質をもっているかを興味深く観察すること」に時間を費やした。この時代の特徴であった金、アルコール、セックスへの欲求に屈することなく、最愛の母が望んだにもかかわらず社会の、「有限会社」の一員になるつもりもなかった。「そこまで彼は堕落してはいなかった」し、そうなってしまうこともできなかった。さらには、わずかな所持金も他人にやってしまう。当時の政治の風潮への愚かな従属を軽蔑している。女優として成功するために映画プロデューサーと寝たという理由で、愛し合っていた女性のもとを去る。彼が求めていたのは別のものであった。最後には川に溺れた男の子を救うために飛び込み溺死してしまう。彼は泳げなかったのである。しかしその子は泣きわめきながら泳ぎ岸にたどり着いた。

　ここに至って誠意とは個人の問題であること、一人ひとりが自分に向けなければならない問いが大事であることを、われわれはすでに理解している。そしてまた時には何事かの前に、根源的なことの前に立ちはだかり抵抗しなければならないこと、つまり誰もがすること、すなわち熟慮もせずに無意識にやってしまうこと、言ってみれば遺伝子の作動かもしれないことに対峙し抵抗しなければならないことが重要である、ということも理解している。われわれが誠意の問題に取り組むのであれば、それは文明の過程に取り組むことではなかろうか？

　巻頭でかかげた問いに戻ろう。友人にならわず産地も尋ねないでおいしいと思うビールを飲むのは、誠意がないのだろうか？（私はそうは思わない）。注文した飲み物を前にして、モラル的に認

められているのか否かをインターネットで調べる気持ちと時間が
いったい誰にあり、そもそもいつもそれが可能なのだろうか？（私
にはそうではない）。それにアルプスの谷全体の問題のことごと
くに取り組むことも私には不可能である。そのビールが醸造され
ている地域の環境対策上の事情については、私には批評すること
はできないであろう。そこの住民にこそその資格がある。正確に
言うと私が最後にその地へ行ったのはいつだったか、15年は前
のことだ。それにウエイターがすすめるその他のすべての銘柄も
味わうことを妨げるような事情があるのか、思慮分別をもって考
えたとしても当然のことながら私には調査をする必要はないだろ
う（そう、私はしない）。今ここですぐにも首尾一貫性を欠いた
無責任なロブ〔テニスで相手のコートの後方へ落ちるように高くゆる
いボールを返すこと〕を打ち上げることもできよう。友人が人生を
善と悪の基準のみで、いついかなる場でもモラルの巨大なルーペ
を通してのみ判断しようとするならば、それは誰のためにもなら
ないと言ってかまわないだろう。そう、誰のためにもならないの
である。

　しかしこれにはまだ付け加えることがある。

　ここで今私が言おうとしているのは次のことである。誠意をも
って人生を送ろうとする試みは重大に考えるのであれば、ことの
子細にまで固執することになること、そしてこの点にとどまるの
であれば、そもそもわれわれはいくつかの込み入った事柄につい
て話さなければならないことになる。つまり世界の現状が示して
いるように、簡単に思えることが実際は面倒なことであったり、
とるに足りないことが熟慮を要することであったりする動向や、
ありとあらゆる重大問題を焼き尽くしてしまうような怒りの炎と
いったことにも私たちは関わらなければならないことになるので
ある。

　友人の行動には誠意があるという時に私が考えていることは、次のことなのだ。自身の行動が世の中に何を意味するかについて、彼は思いをめぐらしている。この「**あれこれと考えること**」だけでもすでに誠意があると私は思うのである。

　概念の連想に戻ろう。われわれのほとんどが知らず知らずのうちに日常生活のさまざまなこと、簡単な行儀作法の規則やマナーといったことに誠意をまずは関連づけてはいないだろうか。例えば、スープはすすらない、女性にはドアを開ける——間違ってはいない。この関連からはいずれクニッゲの名前が出ることだろう。そうなると本質的なことから離れ、ナイフ、フォークそしてナプキン、握手、手へのキス、またネクタイを結ぶ手助け、という話になってしまう。

　しかし、そういったことを私たちは問題にしているのではないし、アドルフ・F・V・クニッゲ男爵〔1752〜1796年。神聖ローマ帝国時代のドイツの著作家、評論家〕にもそういったことだけが問題であったわけではないのは確かである。彼は1788年の著書の初版（のちにたび重なる修正、加筆がなされ改訂された）を『人間交際術』*Über den Umgang mit Menschen*〔日本語版2001年〕と題した。まさにこのことがテーマであったのだ。

　クニッゲが問題にしていたのは、人間としての教養で、彼が執筆していたのは市民階級が有力な新社会層として貴族にとって代わっていった時代であった。ドイツ語学・文学研究者のゲルト・ウェディングは、「真に模範的な人間になるよう市民階級のモラルを完全なものにしていく手助け」をクニッゲはしようとしていた、と書いている。「個人の育成と洗練」が目的であった。堅苦しさや不作法、「内気や臆病」、また富裕な市民たちの「下品な高慢」を批判し、教養、話術、交際において形式ばらないこと、会話における闊達さ、軽快さ、また優美と気品についても説いたの

である。クニッゲは市民の立場にまわった貴族であった〔1780年宮廷から身を引く〕。ウェディングによればこの書は、まさにたっての願いであった、家族の、家庭の、つまりは**市民の幸福の喜び**を讃えることによって、自身が書いた内容をのちに限定することになる基礎、すなわちマナー手引書への基礎を築いた、ということである。

　しかしこれはまったく違う。

　「人間交際のルールが伝統的な礼儀作法の規則というだけではなく、危険な政治の交渉のルールでもあるとすれば、それはわれわれがあらゆる類の人間に対して果たすべき義務の教えに基づいたものでなければならない。つまり、モラルと世知を支柱とした体系がその基礎となっていなければならない」とクニッゲ自身が書いている。

　モラルまたとりわけ世知に長けていることは、立派なことではなかろうか？

　その通りである。また同様に重要なのは、私たちが問題の核心に近づくであろう「あらゆる類の人間に対して果たすべき」義務についても書いていることである。すなわち、特定の人間だけがもっていなければならないと思われている誠意は存在しないのである。

　クニッゲのこの本の最重要ポイントは、生き方の理想を伝統的な規則ではなく人間そのものの観察と理解を基にしていることである。「人間交際において影響力をもとうとするならば人間の本質を学ばなければならない」と書かれている。

　彼は過去から現在にわたって人間のありようを観察し、その中にある最上のものを育てる手助けをしようとしたのである。

　誠意について話すとするならば、何をおいてもまずは一定の日

常のモラルの理想について話すことである。そして理解するということを脇へ置くと、誰もが何かを始めることのできる一つの言葉が見えてくる。──おそらくはそれこそが重要なのであろう。

「誠意というものを放棄している文化はなかなか思い浮かべられない。がしかし、どの文化においても誠意が同じ形をとる必要はない」とドイツ語学・文学研究者のカール・ハインツ・ゲッタートは著書『時代と礼儀作法──誠意の歴史』*Zeiten und Sitten. Eine Geschichte des Anstands* で書いている。キケロは例えば誠意ある行為の定義の中で侮辱をやめることが重要ポイントであるとし、「何人も傷つけられない権利を有している。刃物でことが起きないよう法が監視しているように、誠意は言葉による侮辱を見張っている」ということである。

　今日でもこれは守られているか、が問題だ。

　デンマークの「ユランズ・ポステン」紙 *Jyllands-Posten*〔「ユトランド新聞」の意。リベラルな論調〕に載った「ムハンマドの風刺画」の例をゲッタートは例に挙げている。イスラム教徒たちはこの風刺画によって侮辱されたと感じ、過激な者たちは血による復讐を誓ったのである。「これに対してわれわれの側は、非難されようともその絵は真実を知ることに役立ち、誠意ある行為に抵触することなどない許容しうる範囲内での見解の表明だと見るだろう、つまりは中傷行為については文化によりそのレベルが測られるように思える」とゲッタートは書いている〔「ユランズ・ポステン」紙は、2005年9月30日の週末版にイスラム教の開祖ムハンマドの風刺画12枚を掲載した。点火された爆弾がムハンマドのターバンにつけられた風刺画は、イスラム教徒をテロリストに結びつけた偏見だとイスラム諸国から批判され外交問題にまで発展した〕。

　さらに続けてゲッタートは書いている。「暴力の放棄という極

めて重要な問題を社会がどのように解決するかということに誠意
は関係する。他者の目で自分の行為を観察すること、そして思い
やりと協力が大事である。法やモラルとは異なって誠意の概念は
時代と社会を越えて普遍化されるものではなく、時代によって変
化することが明確である」。殺人行為はいかなる時代でもいかな
る社会でも禁じられるが、中傷行為はそうではない。この行為が
あらゆる非難に対しての免疫となりうるならば、表現が自由な社
会ではそれはキケロの時代とは違う意味をもつことは明らかであ
る。つまりわれわれの社会では、たとえその行為に及んだとして
も一宗教を批判することは可能でなければならない、という〔「ユ
ランズ・ポステン」紙はイスラム教徒の感情を傷つけたことを謝罪した
が、どのような風刺であってもタブーとしてはならない、としている〕。
「ムハンマドの風刺画」の場合、問題はこの絵を見たこともない
人たちが作者を殺すと脅迫していることだろう。ここで重要なの
はもはや中傷行為そのものではなく、それとどう付き合うかとい
うことではなかろうか、つまり中傷した者を殺さないことである。
「誠意とは法でもなければモラルでもない」とゲッタートは言っ
ている。この考え方がいずれにしても私たちの助けになり先に進
むことを可能にするだろう。「(必要不可欠な)衣服の問題を常に
新しいアイディアで解決しているファッションに誠意というもの
は似ている」という。現代において重要と見なされることは何か、
それについてわれわれは今日どう考え、何を念頭に浮かべるのか
が問題であろう。

　ここで私に疑問があるとすれば、「ファッションだって、軽す
ぎるんではないだろうか？」である。どの時代においても誠意に
ついての概念を新たに見つけなければならないだろう。しかし普
遍的でいつも通用し、文明化されたどの社会形態にも必要不可欠
な概念は多くはないのではなかろうか？

　哲学者ディーター・トーメ〔1959年〜。ザンクト・ガレン大学教授〕はイマヌエル・カントのこのテーマについての見解を論文で分析している。ケーニヒスベルク大学の講義ではカントは後半よりも最初の方で、誠意に対してはるかに批判的であったことは明らかである。誠意を、規則に対する単なる表面的な順応、凡俗な追従主義と見なしている。実際それが広範囲に理解されていたことである。つまり伝統的な行動原則に従う、信念のない外見だけのモラルが重要だということである。

　このような考え方は今日でも存在する。誠意はどんなことをも機能させる潤滑油だからである。（現代においてもまだ変わっていないが）過去にも同性愛者には誠意や品位がないと見なされていた。トーメが言うように「帽子をかぶらずに外出する者には品位がない、また子どもをしょっちゅう殴ることでしつけようとする者に誠意があるとされた時代もあった」。最も極端な例では、ユダヤ人を殺しても私腹を肥やしていなければSS将校〔ナチの親衛隊〕さえも自分には誠意があると考えていたようだ。

　トーメによれば「誠意という言葉で言い表されていることの多くは、ある種のあいまいさを生むことが意図されている、つまり何かしらの行為についてそれによってよしと言わんとすることである」

　のちにカントは誠意が意味するものの例として彼自身の道徳観を含んだ社交性、率直さ、友好性、礼儀正しさ、話好きを挙げている。「これらすべては法にのっとった行動を促すだけではなく、友好な共生の前提を特徴づけるものでもある」とトーメは書いている。これらはどれも非人間的な行為の口実にはなり得ない。ここからさらにカントはもう一つの見解に至る。すなわち、何らかの社会グループに属することや形式的な規則よりは「他の人びと

の運命に参加すること」〔カント〕の方が大事である、と。

　初めに言及した読者が書いていた「変わりやすい価値」のポイントとは、まさにこのことである。トーメが書いているのだが、われわれは一方では法を遵守し、またモラルの上でも努力を怠らない社会秩序を有している。だが他方では、秩序ではなく個人の可能性を最大限利用することや自由が擁護されたがために多くの衝突も経験している。しかしながら現代社会の人間関係はまさにその中間の領域、「一人ひとりが互いに折り合い、関わり合いそして共に成長していくその中間の領域」で成立もするし崩壊もするのだ、とトーメは言っている。

　まさにそここそがわれわれが言わんとする誠意が機能すべき世界と言えるであろう。

　避けるのではなく思いやること、忌避するのではなく関心をもつことについて話すとすれば、当然のことながら人間の共存の基礎がテーマとなる。クニッゲにとってはこのことが重要ではなかったろうか？　犯罪者たちが政権を握ろうとしていた1930年代〔1933年、ヒトラー、ドイツ国の首相に就く〕に、エーリヒ・ケストナーとハンス・ファラダにとってもまさにこのことが重要ではなかっただろうか？　他者とのつき合いにおいてすべきこと、すべきではないことについての基本的な知識が重要ではなかっただろうか？

　個人の尊厳に関する一人ひとりの考え方が重要ではなかっただろうか？

　ファラダは有名な長編小説『ピネベルク、明日はどうする!?』
Kleiner Mann - was nun?〔1933年、日本語版2017年〕の中で、ワイマール共和国時代の紳士服販売員ヨハネス・ピネベルクと妻エ

マの生活を描いている。それは、最終的にナチ政権へと至る経済的困窮と政治的過激主義の時代のただ中にあった。ピネベルクが解雇されることになった結果、夫婦は個人的な幸せ、互いへの愛、そして誠意をもつということに人生において唯一確かなものを見出していく。妻エマについてファラダは次のように言い表している。「彼女はシンプルに考えるんだ。悪質な人間のほとんどは悪質なことをされたがためにそうなったと、自分の行いがわかっていなければ誰のことも批判すべきでないと、おえら方たちは、しがない小市民が彼らと同じような感情をもっているとは思っていないと。こういったことは彼女自身が考え出したのではなくて体得していることなんだよ」

　小説『ベルリンに一人死す』〔*Jeder stirbt für sich allein*, 1932年、日本語版2014年〕で音楽家ライヒハルトは、「誠意ある人間であると生涯感じることができるから」ナチへの抵抗はすべきであるという主人公オットー・クワンゲルの考え方に賛同している。

　自身が生きていた時代に関わる一つの価値規範として誠意ある行為への支持をファラダは1932年に表明している。「われわれが必要としているもの、そして目標としているもの、それはわが国におけるあらゆる政党や理念を超えた誠意ある人びとの前線、人道的な考えをもつ人びとの前線である」。エーリヒ・ケストナーの崇拝者であったファラダは『ファビアン』*Fabian* を基にして誠意について一種の宣言を書いている。

「お前たちのやりたいようにしろ」でそれは始まっている。「われわれは誠意ある行為を諦めるつもりはない。お前たちはしたい放題にしろ、それがためにわれわれは黒を黒と、億万長者をゲス野郎と言うことになろう。成功を追い求め、手に入れるがいい——われわれはそれをただの大騒ぎだとかうまくいかないだろうとか言うことになろう。お前たちの不道徳な行為にわれわれを引

き込むこともできよう。だがわれわれは、お前たちとは関係なく、例えば子どもを助けて一人で死んでいくこともあろう、お前たちとは関係なく、だ。ケストナーのファビアンは今日も明日も、そしてこれからもずっと抗議する。これは最初からの旋律、この小説の導入部でも終盤でもそして中盤においても、誠意をもて、そそのかされるな、誠意ある人間であり続けろ、は人間ケストナーの基本コードなのだ」

　誠意ある考え方がために人生において生死に関わるような問題と向き合わされた人たちが、われわれのほとんどが経験したこともなければ経験したくないようなことについて語れば、**こんな響**きがあるのだ〔ファラダは、ホモセクシャルな関係にあった友人とピストル自殺を試みるが、友人のみが死ぬ。当時の社会では同性愛への嫌悪の傾向はますます強まっていった。友人の死後ファラダは、いくつかの精神病院に入院しモルヒネ依存に苦しむ〕。

　1929年のケストナーの詩「自殺の戒め」*Warnung vor Selbstschüssen* にも同様の響きがある。

　　何とかしてすべての人間を改善すること
　　これが君の計画ではなかったのか
　　明日になれば君はそれを笑うだろう
　　しかし彼らを改善することは可能なのだ
　　そうだ、悪質でしかも愚鈍なのは
　　おおかたの人間と力をもつ者たちなのだ
　　しかし、侮辱された者のように振る舞うのはやめろ
　　生きながらえて、やつらを悔しがらせるのだ

　これはケストナーの信念の表明であった。ピストル自殺をしないこと、恐れ逃げ出さないこと、たとえ状況が困難であろうとも。

そして危険を恐れず行動すること、誠意ある人間でいること。

　クニッゲについて私たちは、人間の中の最良のものを育てる手助けをしようとしたのだと評した。ケストナーはファラダによれば、人間は善ではないが「改善することは可能である」と言ったということである。

　ケストナーの小説の主人公ファビアンは言う、「僕は誠意の勝利を待っている。それが僕の願うところだ。だが不信心者のように奇跡も期待している」。自身の行動原則に従って生き死んでいったことにではなく、残念ながらかなり後になってからのことだが、誠意が勝利をおさめたことにファビアンは貢献したのだろうか？

　ここで質問であるが、このところわれわれは日常においても政治的場面においてもポピュリストや民主主義の敵からの挑発を受けている。こういう状況にあってわれわれに欠けていると思えるのは、ある種の情熱、他者との共生において一個人として**何**であり、また**どのように**あろうとしているのかについての明確に言葉で表現されたビジョンではないだろうか？

　もう長いことわれわれにはそれらが欠けているのではないだろうか？

　多くの点においてわれわれが失ってしまったのは、一つの社会であること、互いに補い合って一つの社会を作ること、また向き合って徹底的に議論を交わすことへの気持ちである。市民であることが何を意味しているのか、このことについての理想をもはやもっていないことがあまりに多い。技術革新、自己演出への絶え間ない欲求、自身がもっていることは認めない一方で、他方では曖昧であるにもかかわらず極端に誇張された不安に駆り立てられ

ている。われわれは冷静でなければならない時にヒステリックで、用心深くあるべき時に不注意なのだ。

～～

　「それは大げさすぎやしないか？　僕は非常に誠意のある人をかなりたくさん知っているよ。君が言っていることを不快だと思う人も何人か知っている。フェイスブックではネット上の憎悪に対しての抗議が殺到している。排外感情や極右思想に対して1992年ミュンヘンで光の輪を作って抗議活動をした40万の人びとのことを考えてみてほしい。同じ意思をもってどこかでボランティア活動をしている人は信じられないほど多いんだよ」と友人は言った。
　「それについては反論するつもりはないよ。だが状況が変わっているとも言わなければならないんだよ。それに言ったように今初めて言葉にする感情なんだけれど、現在の社会の動向を見ているとある種の不快感が問題だと思うんだよ」

～～

　その不快感はどこから来ているのか？
　なぜ存在するのか？
　社会において人とのつき合い方を考えるべき時が来ているのではなかろうか？　話すときには口調、声の大きさ、言葉の選択も重要なはずだ。折り合っていくためにはわれわれ自身の姿勢全体が問題でなければならないんだ」

～～

　　さらに続けて私は話した。「昨日家族で居酒屋に行ったんだよ。その店は中心街にあってね、遅い時間だった。となりのテ

ーブルには小さな子どもを連れた女性がいて、何も注文せず人を待っている様子だった。しばらくすると夫でその子の父親と思われる男性が来て、同じテーブルについたんだよ。でもそれほど話をするというわけではなかった。3人はメニューに目を通して注文をした。女性と子どもは何度も男性の方を見ていたけれど、彼は最初にスマーフォンを、次にタブレットを出してそれらにとりかかったんだ。それから2台の機器を自分の前に、つまり妻と子どもとの間に立てて並べて、話はしたけれどもっぱらそれらにかかりきりだったんだよ」

「よく見かけるよ、そういうの」と友人は言った。

「そうだね、確かに。だからと言ってコミュニケーションと礼儀作法の崩壊についてよく言われている批判をここで始めることには抵抗があるんだ。そういった機器やインターネットにも長所はたくさんあると思っているからだよ。以前にはなかった世界を知るためのツールがわれわれにはあるし、それに遠く離れて暮らしている子どもたちとも簡単に連絡をとることもできるしね」

「それでも？」と友人は言った。

「そう、それでもこの男性と家族の光景からは、なんかものすごく気を滅入らせるものが感じられたんだ」

「もしかして重要なメールとか海外からの電話を彼は待っていたのかもしれないし、オフィスにではなく家族と一緒にいたかったのかもしれない。スマートフォンとタブレットが居酒屋で家族といることを可能にしているんだよ」と友人は言った。

「その反面、彼は家族と一緒ではなかったんだ」と私は返した。

「電子機器を持っていなくても向かい合ってすわっていながら黙ったままで、自分の考えにふけっていて気持ちがよそに向いている夫婦はよく見かけるよ。気持ちが今いるところにないだ

けなんだ。スマートフォンがひょっとして助けになるのかもしれない、インターネットで話題が見つかるかもしれないね」と友人。

「もしかしたら、ね。でもまた他方で、散歩中に赤ちゃんが視線を求めているのにスマートフォンに夢中になっている母親をよく見かける。これをおかしいと言って技術を敵視する必要はないと思うよ。一緒に話をせずにスマートフォンの画面に見入っている若者をずいぶん見る。夕食で家族とテーブルを囲んでいるときに自分がふとスマートフォンに手を伸ばしていることに気づく、サッカーの結果をちらっと見るためだけに、ね。そうなると心はもうその場にはなく他へ行ってしまって、一人きりになっているんだよ」と私は言った。

「一人じゃないよ、そこにいない誰かとコミュニケーションしているだけのことだ」と友人。

「そうかもしれないね。身を置いているところに心の半分だけがあって、残りの半分はまったく別のところにあるということはよくある。ソーシャルメディアで奇妙なのは、ソーシャルなのは一部だけで残りは全然ソーシャルではないことだ。ソーシャルメディアは僕たちを分断し、孤独にする。理解しなければならないことがあるとすればこのことだよ。何もかもがとてつもなく矛盾していてそれに複雑だし、現代において人間が必要とする最も重要な能力の一つは、矛盾したことや複雑なことを受け入れてそれらに耐えることだろうね」

「そうだね」と友人は言うと、ちょうど光っていたスマートフォンに私が目をやりカバンにしまう様子を微笑みながら見ていた。

〜

　幼少の頃に工場の労働者であったおじがいた。家族ぐるみのつき合いの中で彼が上司の悪口を言うのをよく耳にした。おじは熟練した機械工で、計算機工場で働いていた。子どもの私は当然のことながらその原因を知らなかったが、工場は当時すでに経営不振状態が続いていた。おじは、彼が言うところの「やつら」の悪口をいつも言っていた。「やつら」というのは上司たちのことで、下にいる者たちの生活を決定し、日々指示を出し、おじが気に入らないことを決める上に立つ者たちのことである。

　おじは労働組合員で、そのことは彼に大きな意味があった。親族が集う日曜日には、他のおじたちと同様に三つ揃えのスーツを着ていたが、それにはIGメタル〔世界最大のドイツの金属労働組合〕のピンバッジが付けられていた。日々の重要事にあたっておじはこのピンバッジを十二分に意識し、誇りにしていた。組合員であることは無力ではない、という意識ももっていた。彼らは話し合いストライキを準備し、また組合は当時政権を担っていたSPD〔Sozialdemokratische Partei Deutschland, ドイツ社会民主党、中道左派。以下SPDと略〕の基盤でもあった。組合員一人ひとりは確かに微力ではあったが、しかし何の力もないわけではなかった。一人ではないし、また確固とした誇りをもち世間の尊敬も得ていた。

　おじは死に、働いていた会社もなくなった。タイプライターがもう製造されていないのと同様にもちろん〔アナログ〕計算機もない。

　70年代にジャーナリストの仕事を習得し始めたとき、最初に購入したのが電動タイプライターであった。80年代にはすでに編集部に電子タイプライターがあった。植字工という職業があって、ほとんどが男性で、記事を巨大な機械で鉛製の鋳型に作り替えていった。編集部に届いた写真から印刷の版下への加工ができ

る金属版を作る人たちがいた（職業名は忘れてしまった）。取材に出ている記者からの電話で記事の口述筆記を行う速記者がいた。テレプリンターで記事を送る女性たちがいた。SPDのかつての、また多くの現役の政治家が熟練した植字工であった。戦前のパウル・レーベ〔1875〜1964年。ワイマール共和政下で国会議長〕、フィリップ・シャイデマン〔1865〜1939年。SPDの議員として第一次大戦後首相〕そして戦後のビヨルン・エングホルム〔1939年〜。1991〜1993年、SPD党首〕、ルードルフ・ドレスラー〔1940年〜。1982年、労働・社会省の政務次官。2000〜2005年、イスラエル大使〕である。

　以上のような職業は現在ではもう存在しない。デジタル化によって不要なものとされ、コンピューターに取って代わられた。人類史上の重大な技術革新を私たちは経験し、この革新はわれわれの生活を根本から変え、それはいまだに続いている。かなり前からのことではないにしても、そのテンポは想定外に加速されている。前世紀初頭に植字工になった者は当然のことながらこの仕事は生涯存在する、という前提で始めることができた。他のどの職業についても今日そもそも同じことが言えるだろうか？

　われわれは永久に不確実な時代に生きていて、これはあらゆる面において言える。生涯に何度も転職し順応していかなければならないことを、今日誰もが覚悟しなければならない。働くということは永久に学ぶことを今では意味している。個々人の生活はその土台から変えられてしまった。10年後にまだ自分の車を運転しているのか、そうならばそのボディはどんな形をしているのかは今日われわれには知る由もない。かなりの人たちがパートナーとインターネットで知り合っている。多くの国で現金が廃止寸前にある。工場で働いているのは人間よりロボットの方が多いのだ。

　これらのことはすべてまだ進行過程にある。

　コンピューターによる自動運転のトラックが大挙して走り運転手はもはや必要とされなければ、そう遠くない将来に10万人もの長距離運転手はどうなるのか？

　われわれが経験してきたことはどれもまだ始まりにすぎないのではなかろうか？　グローバル化はこれまでは製造過程の一つにすぎなかった。すなわち、かつてわが国で製造されていた物が突然ほかの国で安く作られ、われわれのところへ輸出されてきた。新しいケーブル技術によっていまだに想定不可能な膨大なデータが地球を駆け巡るだろう。グローバル化の急襲にあうのはもはや製造業だけではなく、例えば弁護士や医師といったサービス業も同様なのである。

　就業に対する人間の誇りはどうなるのか？　人間存在への尊敬の念はどうなるのか？　私のおじは今日何を生業とするのだろうか？

　多くのことがわれわれの決定によってではなく、自然現象のごとく起きている。しかもアマゾン、グーグル、フェイスブックのような、匿名の顔を持たない独占的大企業集団によって推し進められているのである。それらは突如われわれの身に降りかかり、今なお続き、今後も長く続くであろう。結局のところわれわれは傍観するしかないのか、あるいはできるかぎり遅れずについていこうとするのか。

　後者は立派なことだと思えるし、われわれの多くがそうしている。新しい可能性はたくさんある。多くの古いフェンスや壁や境界は取り払われていく。

　われわれが今生きている時代は、変化や開放や不確実性を評価する人びとに適しているように思える。しかしながら人間には自由と出発への願望だけがあるのではなく、信頼性、計画の可能性、

人生の展望、また確実性への基本的な欲求もある。多くの人たち
が同じことをするのは簡単である。またこれらの基本的な欲求が
他の人より明確で、かつ急激な変化にろうばいしている人を見く
だすことも簡単である。私のおじとは違い、味方になってくれる
労働組合が必ずしもあるわけでもなく、必要とされなくなったの
はなぜか、できることに対する尊敬、あるいはできないことに対
する配慮もないのはなぜか、という疑問に突如として向き合わな
ければならない人を見くだすことは簡単なのである。

　　　　　～

　「君はなぜその本を書いている？　何を表明しようとしてい
　る？　誰にしようとしている？」と友人は訊いた。
　「自分自身に対して何かを表明したいんだよ」
　「何を？」
　「今日、人とのつき合い方においてこれほどまでに抑制力が効
　かなくなったのはなぜか、敵対し合うのはなぜか、確実視され
　ていた多くのことが突然に不確かなものになったのはなぜなの
　か、をぜひとも知りたいと思っているんだよ。ところでイスラ
　エルの歴史学者ユヴァル・ノア・ハラリの『サピエンス全史』
　Sapiens: A Brief of History Humankind〔2011年、英語版2014年、
　日本語版2016年、ハラリはヘブライ大学歴史学部終身雇用教授〕を
　今読んでいるんだ。彼の説によれば、10万年以上も前の祖先
　は狩猟採集民であり、現代にいたるまでわれわれに影響を与え
　ているのはこの時代だそうだ。このことをまず最初に理解すれ
　ば、われわれの本質と心を理解することができるであろうと書
　いている。その後の、ほとんどが農耕民また牧羊民として暮ら
　していた1万年と多くが都市労働者とオフィスワーカーとして
　暮らしていた200年は、われわれの本能を決定した長い時代と

比較すれば今日に至るまでの膨大な時間の中では、まばたきの一瞬にすぎないということだ」

「そうならばわれわれはいまだに石器時代の人間なのか？」

「いずれにしてもわれわれの脳はそのようにプログラミングされている。このプログラミングと、巨大都市における疎外感また飛行機、電話、コンピューターとの関わりから現代人の問題は生じているんだ。3万年前に狩猟採集民は熟れたイチジクをみつけたら突然現れたヒヒに追い払われる前に、イチジクを食べられるだけ食べてしまわねばならなかった。突如現れて食べ尽くしてしまうかもしれないヒヒの群れをわれわれはいまだに恐れているんだよ」

「ヒヒはイチジクを食べるのかい？」

「そうらしいね、手に入れば」

「しかしこの本で問題にしているのは食糧のことではないんだね」

「そうだね、この話は長く刻まれている記憶の一例にすぎない。初期の人類の社会的本能が人間たちを小グループに分けたこともそうだ。このことについては現代も同じだ。組織の維持が可能である上限は今日に至るまで150人であって、それ以上の人間と親密な関係をもつことは不可能なんだ。この人数を超えれば法律、位、肩書が必要になってくる」

「人間は絶えず小さなグループをつくろうとしているように僕には思える。他を排除することにもアイデンティティや確実性を感じるんだよ」と友人は言う。

「おそらくそうだろう。そして同時にわれわれは極めて強い社会的関係の中にあるし、またそうしなければならなかったんだ。生まれる落ちると人間は無力だ。人間に比べると早産だけれど、他の動物はそういうことはない。育児のために人間は他者を必

要とする。一人では不可能だからだ。幼児をもつ母親は十分な食べ物をみつけることも身を守ることもできない。そのために進化は他者と強い社会的関係を結べる者を優先したんだ」

「ハラリがそう書いているのかい？」

「そうだ。この時代の平均的な人間は何か月も集団以外の人間に会わなかったこともよくあった、とも書いているよ。一生を通じて出会う人間もせいぜい数百人だった。未知の人間はみな危険である可能性があるからだ」

「それなら排外感情は遺伝子に起因しているのだろうか？」

「そうだろうし、それで説明もできるだろう。しかしそういう衝動をコントロールする情報も今日われわれはもっているんだよ。ここではまさにそのことが重要なんだ」

「どんな情報？」

「そうだね、新聞とかテレビとかインターネットとかの。われわれには理性があるし誠意というものももち合わせているしね」

2017年2月13日に私はドレスデンにいた。この日は、数日で市の中心部をほぼ全壊させた爆撃が始まった72年目にあたる。今回も数千と思われる市民たちがこの爆撃に対する抗議の人間の輪を作った。その一週間前にアーティスト、マナフ・ハルボウニの「モニュメント」と題されたインスタレーション作品が展示された。彼はドレスデンの女性とシリア人男性の間に生まれた〔1984年シリアで生まれ、2008年にドレスデンに移住〕。その作品は約2か月間展示されることになっていた。ノイマルクトの聖母教会〔ドイツ語名、フラウエンキルヒェ。第二次大戦中のドレスデンへの爆撃による焼損で崩壊。「かつての敵同士の和解を象徴する建築物」として

2005年に再建された〕の前の広場には、廃車になったバス3台が縦方向に立てられていた。それはシリア内戦によってヒューマニズムが破壊されたことのシンボルとしてかつて全世界を駆け巡った映像にヒントを得たものであった。アレッポで廃車になった路線バス3台がシリア軍の襲撃に対するバリケードとして同様に縦方向に立てられたことである〔シリアの政府軍に包囲されたアレッポ東部で反体制派が設置。シリア国民の惨状だけではなく、すべての戦争犠牲者の苦悩をも表すものであった〕。ハルボウニは彼のインスタレーション作品を「僕たちが暮らしているドレスデンの」平和の記念として理解されたいと思っていた。ドレスデン市長ディルク・ヒルベルト〔1971年〜。2015年より Freie Demokratische Partei、自由民主党に所属。同党は1948年に結成された政党。以下FDPと略〕は、これに騒ぎたてた集団によって容赦ない抗議の口笛を浴びせられた。その結果ハルボウニの作品はドレスデンの不和の記念になってしまったのである〔ハルボウニがDPA通信に語ったところによれば作品が象徴するものは「平和、自由、人道」である。ヒルベルトは市長に当選後「ドレスデンを移民、難民の統合と雇用の模範都市にしたい」という抱負を語っている。展示はその市長の言葉で公式に始まったが、西洋のイスラム化に反対する愛国的欧州人「ペギーダ」PEGIDA のメンバー約百人が非難の声を浴びせ妨害した〕。

　その数日後にフェイスブック上で私はハルボウニに対するコメントを一時間ほど読んだ。そこにはこのアーティストと志を同じくする人びとに対しても、ありとあらゆる人間が容赦なく投げつけた言葉があった。

　　——でかしたな、このろくでなし、大バカでやりたいほうだいする奴だ、クソ
　　——お前はとんでもないバカヤローだ

――テロ共犯者――ゲス野郎――頭のいかれたヤツ――国民の
　裏切者――あわれな虫けら

――あなたに残っている言葉は一つだけよ、面と向かって言っ
　てやるわ # 移民

――お前のようなやつにムカつくんだよ、あわれな人生を送る
　んだな、この能なしのバカヤローは

――イスラムのクズやろう――おべっかやろう――恥だ

――クソを片付けろ、このうぬぼれアーティスト、ドレスデン
　をキレイにしておくんだよ

――**汚物**〔原文でこの語はすべて大文字〕をどけろ――大バカ
　　――いまいましいクズ――頭の中はくそだけだ

――吐き気をもよおす――イっちゃってるな〔人物が逸脱した
　性格をもっていること〕

――ここはドイツ、バカやろうが住むところではない

――泣きわめけ――死ね

――極右のホモ――ファシストのホモ――右翼のバカ――ナチ
　のカスパーさんよ〔カスパーとは人形芝居の道化役または馬鹿
　げたことをする者を意味する〕――能なし――100% 完全な
　バカ

――左翼のまぬけもの――ロリコン――テディベアを投げるヤ
　ツ

――おれたちの国でやりたいほうだいで厚かましい、ここの国
　民に聞こうともしないで、生意気なんだよ

　さらに読み続けることもできたが、1時間後には疲れてしまっ
た。それ以上は耐えられなかった。長短はあるが、投稿上で吠え
るさまを読んでいて、誰も他人の意見には何の関心もなく少しの
交流さえもないことにもはや耐えられなかったのだ。

怒りだけが残った。

ところでこれらの発言は誰を驚かすというのか？　誰を深刻に悩ますというのか？

とうに慣れきっている、いずれにしてもドレスデンでは。一方と他方、そして何ができるか途方にくれて声をあげない第三者、これほどまでに分裂している都市はおそらくドイツにはないであろう。

「多くの人がこういうことを気にかけている。そうなんだよ、たくさんの人が気にしていて、悲しいことだと思っている。ただ何をしたらいいかわからないだけだ」と友人は言う。

「その通りだ、どうしようもできず放心したり怒ったりしながら見ている。その通りなんだよ」

数年前から私はフェイスブックに自分のページをもっている。作家にとり読者とコンタクトをとれるいい機会である。新刊の紹介や朗読会の日時、最新のコラムを書き込むことができるし、読者からのメールに返信もできる。いいことずくめである。

時には私が書いたことにコメントする人がいる。ある時一人の男性が、私が知っている名前を使って投稿してきた。その名前の知人がいたというのではなく歴史書で知っていた。政治家でアラビア人に勝利して有名になり、西欧キリスト教徒の救世主と言われた8世紀の軍司令官の名前をその男性は名乗っていたのである。

私のコラムのことで論争になったが、すぐに私は返信するのをやめた。どんな理由であろうとハンドルネームの背後に隠れてい

る人と議論する気にはなれなかったからで、今でもそれは変わらない。他者を批判する者、国の政治討論に参加する者が名前や顔を隠す理由がわが国にはないと思う（ついでに言うならばもっと馬鹿げているのは、ハンドルネームでブルカの着用禁止を主張することである）〔ブルカはイスラム世界で用いられている女性用のヴェール。欧州ではイスラム系移民との軋轢の問題を象徴するものであった〕。

　匿名に隠れることによって、そうでなければしないような他者への侮辱や敬意を欠いた行為にそそのかされることは明らかである（これは一般論であって、分別がなかったわけではない先に言及したフェイブック上での短期間の論争相手のことを言っているのではない）。実名で誹謗中傷の書き込みをする者も確かにたくさんいる。しかし、そうしたとしても事態を良くはしない。その逆である。誹謗中傷、脅し、追い込むことをあまりにも長いことやむをえないこととして受け入れることに慣らされてしまった結果、人はそのような行為を普通のことだと思ってしまっている。さらには実名で他者に同様の行為をすることさえもすぐさま普通のことだと思ってしまったのである。

　いずれにしても私にはどうしても理解できない。フェイスブック社の設立者で筆頭株主であるマーク・ザッカーバーグは、自分は博愛主義者だとか、より良い人生を夢見ているのだとか言って自我自讃したり、また自分を賛美させたりすることがどうしてできるのであろうか？　厳しい言い方をするならば、他方で私たちの共生の基盤が次第に損なわれていくことに恥知らずにも自身の会社が利用されているにもかかわらず。節税手段に長けた世界的な企業の一つであり〔世界的な巨大IT企業、いわゆるGAFAは既存の税制度の抜け道を行くことで課税を逃れていた〕、以前は有力紙の財源になっていた広告収入がますますたくさんこの企業に入って

もいる。と同時に2017年のこの社のページでは、シカゴで4人の若者が一人の精神障害者の男性に暴行を加える様をライブでフォローすることが可能であったし、ウプサラ〔スウェーデンの都市〕で女性がレイプされる様子を集団でフォローしたり、またクリーブランド〔アメリカ、オハイオ州の都市〕の男性は自身の殺人行為の動画を投稿したのである。

　動物虐待やテロのプロパガンダ、反ユダヤ人の扇動だけではないのだ。

　2015年にはほとんどのドイツ人が知っていた別の例を挙げてみよう。シリア難民のアナス・モダマニはドイツ首相アンゲラ・メルケルと一緒にポーズをとって自撮りをした。この写真は過激な扇動者たちによって、くり返し彼らの目的のために利用された。それをテロリストたちの写真と一緒に加工して「モダマニはブリュッセル、アンスバッハ〔バイエルン州の都市〕、ベルリンの実行犯だ」、「やつは他の難民たちとつるんでホームレスの男に火をつけようとした」と彼らは主張している。すべて真っ赤な嘘だ〔2016年のブリュッセルの同時テロ、ベルリンのトラック突入テロなどテロが起きるたびに、モダマニと事件を関連づけるように加工された写真がソーシャルメディアで拡散された〕。

　それにもかかわらずこのモンタージュ写真はフェイスブックに載りつづけ、さらにヴュルツブルク地方裁判所は、「フェイスブック社はこのような画像を検索し消去する義務を負うべきである」という被害者の申し立てを却下した。これに対してモダマニは裁判の続行を諦めた――なぜか？　彼と彼の家族がたび重ねて脅迫されていたために弁護士からそれ以後の弁護を断られたからである。モダマニ自身は金銭的負担が大きすぎることを理由に挙げている（この時点では、彼は勝訴する見込みがあっただろうが）。

「私はドイツ語の試験に集中したいのです〔ドイツ政府は移民に対する言語施策としてドイツ語学習の義務化とドイツ語能力試験の実施を行っている〕。それに裁判を続けることは、シリアとドイツにいる家族にとって危険です」と彼は語った。

　私は法律家ではないため、事の次第を法的観点から判断することはできない。また同様に技術者でもないため、フェイスブックのページから該当する写真を検索し消去することがこの会社に可能かどうかも言えない。フェイスブック社側の弁護士は「それは不可能だ」と言っている。ただしこう指摘する人はたくさんいる。ポルノ写真を公にされる前に検索し、投稿を防ぐことができるソフトを開発したのはこの会社である。それゆえにモダマニの写真を検索するのは簡単なはずだ、と。

　ところでフェイスブックを通して世界中にまき散らされるゴミの消去方法について考えることは、ここでのテーマではないだろう。ゴミは取り除かれねばならない、当然のことだ。もちろんゴミを持ち込んだ者が片付けなければならないのだ。確かなのは以下のことである。写真の1枚にでも「いいね」とコメントが付けば付くほど、ますますシェアされる。それがフェイスブックの基本原則である。多くの者に好まれるものはいっそう拡散され、それによってもっと多くの者が好きになり、さらに拡散されていく。「フランクフルター・アルゲマイネ・ゾンタークス・ツァイトゥング」紙 *Frankfurter Allgemeine Sonntagszeitung*〔「フランクフルト総合新聞日曜版」の意〕の二人の論説執筆者が、これに関して非常に適切なたとえを挙げている。「誰でも個人のニュースを貼ることのできる広告柱〔1855年にベルリンに初めて100基設置されたポスターのための柱〕をフェイスブック社が街に設置するとする。そこに非常に過激なニュースが貼られていれば、フェイスブック社はその広告柱を自動的に複製することを想定してみる。ニュー

スが過激であればあるほど、ますます多くの人が広告柱にやって来るだろう。多くの広告柱が立てられれば立てられるほど、さらに多くの人がやって来ることになるだろう」

　ご承知のように私は法律家でもソフトウェアの技術者でもないが、次のように思うのである。フェイスブック上でひどい扱い方をされている人たちがいるということがこの会社にとり大きなダメージにならないのはなぜか？　会社自らがありとあらゆる策を講じて防ごうとしないのはなぜか？　醜悪と嘘の滝が日々えんえんと続いていることに対して、可能な手段をことごとく用いて対処しないのはなぜか？　そしてマーク・ザッカーバーグのスピーチのせめて2回に1回にでも、この状況を終わりにしたいとか、どんな対策を施すつもりだとかといったことがテーマに取り上げられないのはなぜか？　といった疑問を思慮分別のある人びとは投げねばならないだろう。

　会社の利益のためにそれをしない、というのがその答えであろう。というのはフェイスブックのユーザーはみな、この会社にとってお金になるからだ。ユーザーが会社の価値を高め、広告収入が利益をもたらす。フェイスブック社は絶え間なく増殖していくことに照準を合わせているのである。人びとをつなぎ止め、さらに新たに獲得していく――これは難しいことではない。われわれは共同体の中の存在であり、他者の思いやりと関心を必要としているからだ。そしてこの必要を、他のすべてのソーシャル・ネットワーキング・サービス〔以下SNSと略する〕と同様にフェイスブック社も利用しているのである。**いいね**、をめぐる永遠の競争、抜け出すことが難しい競争をつくり上げているのだ。

「そういった競争のプラットフォームとなっているのは、**パーフォーマンスすることへユーザーを導くことである**」、と**カリフォ**

ルニア大学のエリザベス・ジョーは言っている。パーフォーマンスする、つまり誰もが自分をできる限りよく演出することを意味する。他者の関心は限定されているため努力しなければならないのである。「いいね、をめぐる競争で他者より勝つために自分の人生を演出し、私という俳優になっていることに気づく。美化したセルフ・ポートレート、会ったことのある有名人との、また訪ねたことのある華やかな場所での自撮り写真がその始まりである。次の段階は当然のことながら自作のポルノ写真、人目を惹く行為また悪ふざけの画像である」、と「南ドイツ新聞」紙のジャーナリスト、ヨルク・ヘンツェルは書いている。

　また、こんなこともある。*YouTube* では、いわゆる**悪ふざけ**が何十億回も再生されている。何も気づいていない知人に対してあえて何度も、また赤の他人に対してなされる**悪ふざけ**、競争が激しいためにますます露骨にそして思慮を欠いた、他者とそのプライベートな領域にまで及ぶ嫌がらせ、こういうことをしているのはそれによってお金をもうけているプロの悪者であるが、青少年や子どもたちは当然のことながらこれにならう。プロのやり口で一番悪質なのが2017年のある動画である。この中では何も知らぬ男性は、いとこたちが殺害されたことを事実と思わされた。またミシガン州では11歳の少年が、SNSにあげられたガールフレンドの迫真の自殺演技を信じて自殺してしまったのである。

　どれほど底までわれわれは堕ちていくのだろうか？

　アナス・モダマニの話に戻ろう。モダマニや他の多くの人たちの身にも起こったようなことを防ぐために、ドイツの立法機関が対策を講じ始めたのが2017年になってからなのはなぜか？　自社の紙面に掲載された読者の手紙に事実に反することが書かれていたら、その内容についてドイツ紙はどの社もきちんと責任ある対応をするが、フェイスブック社は同様のケースに責任をもたな

いのはなぜか？　ソーシャルメディア・インフラの大部分が、ほとんど個性もなく実体もよくわからない企業、その経営者と経営状況のことが知られていない企業に任されていることをわれわれが黙って受け入れているのはなぜか？　フォルクスワーゲン社にジーメンス社、そしてわが国の銀行についてはずいぶん多くのことを知っているのにフェイスブック社については知らないのはなぜか？

　こういったことをこんなにも長い間受け入れてきたのは、われわれの頭がおかしいからか？

　またライブ配信される自殺動画、人間また動物の虐待動画といった極めて重大なゴミを、フェイスブック社はかなり後になってからようやく消去し始めたのはなぜか？　今なお報酬が少ないうえに過度の心理的負担からほとんど守られていない社員がこの仕事をしなければならないのはなぜか？　企業の技術力を高めて最高のものにしようとするエネルギーのいくらかでもページ上のゴミの消去に費やさないのはなぜか？

　この疑問に対する答えはおそらくは次のようなものであろう。社会的また政治的暴力はかなり後になってから始まったこと、こういった暴力がなければ問題はほとんどなかっただろうこと、また自由主義国家では自由の制限の決定に時間を要すること、そして周知のようにソーシャルメディアは世界の重大な変化と関わっていること、すなわち実際に何が起こり、どのように対応しなければならないかをまず理解するのに時間を要すること、といったことであろう。

　この本のテーマは法ではない。法によってではなく、個々人の行動によって調整される共生がテーマなのである。大切なのは配慮であり、自らを省みること、自らに課す不文律、石器時代から

われわれに内在する衝動のコントロール、いわば獣性に対する警戒である。これらを自らに対する要求と感ずることができることが重要であり、そうであるべきだろう。また、今やどの国の人びとも自らで真実とうそを区別しようとしなければならないのだ。

2017年3月、アメリカ人政治学准教授ロバート・ケリー〔釜山大学〕はパク・クネ韓国前大統領の弾劾について *Skype* で BBC のインタビューに応じた。この問題は当時アクチュアルであり、ケリーが精通しているものだった。彼は家族と釜山に住んでいる。

このインタビューは当時またたく間に伝説となり、同時にケリーも世界的に有名になった。彼の見識高い見解によってではなく、ライブ配信されていたインタビューの最中にドアが開き4歳の娘メアリアンが飛びこんできたからである。その子は父親の横に来てカメラの前に立ちはだかった。ケリーは自宅の仕事部屋にいたのである。今では**ホームオフィス**と呼ばれているものである。メアリアンのすぐ後に8か月の息子ジェイムズも入ってきた。テーブル付きの歩行器に乗って騒々しく、ものすごい勢いで部屋の角を曲がった。ケリーはインタビューを続けようとした。首尾よくというわけにはいかなかったが何とかやり通した。というのもジェイムズに続いて若い女性が入ってきて、子どもたちをあわてて部屋からつまみ出したからである。韓国人の妻ジュンアである。

家族の現実が別の脈絡に突如入りこんできた、ということであった。

四日間のうちに BBC のフェイスブックだけでも世界の8500万人がこの動画を観ている。私もその一人だ。

非常に面白かった。

しかし本当に興味深かったのは、フェイスブックに投稿された何千ものコメントである。予想していた通り、書き出しはどれも

よく似ていた。「ものすごくおもしろい」

　そのあと誰かがこう書いていた。「特におもしろかったのは、この子守女が角を曲がったときに滑ったことと二人の子どもをつかまえるさまだ」。こんな風にコメントはさらに続いた（何千ものコメントを読み、私は論争の空気をつかもうとした）。

　　——子守女だって？
　　——なぜそう思うんだ？　アジア人に見えるからか？　コーカサスの顔〔ここではヨーロッパ風の白人の顔立ちを意味する〕をしていれば子守だと思っただろうか？　奥さんなんだよ！
　　——この子守女がこれで仕事を失わなければいいんだが
　　——子守ではなくて奥さんよ、すぐわかるでしょう
　　——おそらくベビーシッターだろうね
　　——彼はドアをロックすることもできたろうに
　　——奥さんなのよ
　　——自分の子どもをあんなふうに扱う母親はいないでしょうね
　　——この子守はきっともう解雇されているだろう
　　——なんで子守なわけ？　アジア人だから、でしょ!!!
　　——親愛なる人種差別主義者の皆さん、彼女は母親であって子守ではありませんからね
　　——私はアジア人よ。アジア人の友人でコーカサスの女の子と結婚した友だちがいるの。子どもがいるんだけれど、この友人はいつも子守りをさせられているの。人種差別主義者って本当にひとの気持ちを傷つけるのね
　　——彼はこの子守を解雇するにちがいない
　　——ずいぶんたくさんの人種差別主義者がここにはいるんだな。あんたたちはみんな子守だと決めつけて、ああだこう

だと書いている、肌の色だけでね。彼女のことは何も知らないから肌の色だけで子守だと思うんだよな
——その通りだ、ドナルド・トランプとブレグジットの国民から何を期待できるというんだ！
——その子守女が角を曲がるさまは（笑）
——ムカつく！

　こんなふうにずっと続いていった。父親であるケリーは子どもたちを撮影場所から腕で押し出そうとした。これを暴力だと非難した人がいる。また別の誰かが「東洋的」という言葉を使った。すると人間について「東洋的」だと言うのは侮辱だと、別の女性が言う。

——いやそんなことはない、と男性が反論する。
——いいえ、そうだわ。**東洋的**っていうのはじゅうたんや食事のことを言うんじゃないかしら、人間のことじゃないわ。**アジア人**というのが正しい言い方よ
——社会福祉課によけいな負担がかけられている理由がこれでわかるというもんだ。誰か他の者を呼べ、でっち上げだ。本当に虐待され放置されている子どもがいれば、福祉課がその問題に取り組む……あんたたちレベルのことを探すんだな。良きパパとママにゴミを投げつけるのはやめろ！

　こんな風に何日も続き、もはやロバート・ケリーと妻や子どもたちとは、またBBCとも何の関係もない話になっていった。これはとんでもなく神経が消耗することだと思った。入れ乱れて無秩序に言い合うことは神経の負担になるからだ。
　他方で多くのことも学ぶ。

　どこかで何かがうまくいかなかったとしても、いつも何もかもをうまくやらなければならないという重圧から解放されるのは、嬉しいことだと知る。物事は時としてうまくいかなかったとしても、それほど憂慮すべきではなく単におかしいだけなのだ、ということを知る。

　どこか荷をおろすことのできる場所を見つけるまで人は自分の問題をまったく別の関連からもち続けるものだということも学ぶ。一人の女性が「子守」ではなく子どもたちの母親なのに「子守」呼ばわりされ、侮辱されていることを知る。アジア人の容姿ゆえにそう思われたのだと思う。さらには、それはその女性が外見だけで判断され格づけされたことを意味しているだろうから人種差別的だと思う。

　こう言えるかもしれない。子守だと言っている当人がそう考えたのではない。その人が住んでいる地域では子守がみなアジア人なのかもしれない。その人の判断はそこに起因している。このことはその人にとり事実なのであって、誰もが社会全体を見渡せるわけではない。それゆえにその人は人種差別主義者とはいえない。

　さらに言うならば時に疑問に思うことなのだが、侮辱されたと感じる人たちは、そういうつもりはないかもしれない相手を、一面識もなく何も知らない相手を人種差別主義者だとなぜ非難するのか？

　それだけではない、子守は立派な職業である。人種差別主義のこん棒を振りかざす必要があるのか？

　だが、人はそれをするのだ。なぜなのか？

　くり返して言うと、複雑な世界に、そうでなければ**ゆるやか**に漂っているであろう事が絶えず衝突しているインターネットとグローバル化された巨大空間にわれわれが生きているというのがその理由である。対面で直接ものを言うことになるのか、あるいは

キーボードに身をかがめてネットの空間に向けてラッパを吹くか
は大きな違いである。そしてその後コーヒーを淹れに行って、論
争相手が人種差別主義者からこん棒で殴られてできたこぶに氷の
うをあてている間にこちらは事を忘れてしまうか、あるいはまた
コーヒーを淹れた後で母親に電話をかけなければならなかった
り、建築資材市場でまだ何かを調達しなければならないとかでこ
ちらがもはや読むことのない返信を相手が怒り狂って書くかは、
大きな違いだからである。

　中間のトーン、多種多様性、ニュアンスといったものすべてが
存在しないのだ。これはデジタル世界の際立った特徴であろう。
ここではつねに0か1かの問題であり、すぐさま無視され陰の部
分は一顧だにされず、非情である。

———

　「われわれの社会において頭が混乱している者、心の平静を失
っている者、過激派、おかしな者、愚かな者とかうさんくさい
者の割合の高さについて、例えばフェイスブックを通してより
詳細な情報を得ることは、ある意味いいことなんだよ。以前は
そうやって知ることなどまったくなかったし、知ったとしても
そのたびに忘れてしまうんだ。インターネットが存在する以前
は、そういう人たちはいったいどこにいたのだろうか？」と友
人は言った。
　「世界には理性や理性的な人たちも今日ほどは多くはなかった
のだろうと想像している。それに自分の言いたいことを聞いて
もらう可能性も今日ほどなかった。ところで、分別のない者や
頭が混乱した者、おかしな者や愚かな者の話をするつもりはな
いんだ。そうすることは理性のための道をふさいでしまうから
だよ。また他方で、ネット上であのような物言いが当たり前に

なってしまう危険とか、何でも許されると思う危険とか、当事者以外の者たちも行き過ぎてしまう危険とかが大きいこと、そして嘘つきや扇動のプロたちが真っ先に介入してくる危険が大きいことが問題だね。われわれの社会で誠意ある話し方をしようとする気持ちがなくなってしまうことは、そういう者たちには極めて好都合なだけだ。正反対のことが広まっていかなければならないというのに。われわれがインターネットに投稿するのは、他者への関心からとか他者との交流のためとかの、不安に裏づけられていない会話でなければならないんだよ」

「極めて文明化されていない領域だよ、インターネットというものは。控えめに言ったとしてもだ。歴史家のティモシー・ガートン・アッシュ〔1955年〜。イギリスの歴史学者。専門はヨーロッパ現代史。オックスフォード大学教授、スタンフォード大学フーバー研究所上級研究員〕はインターネットのことを『人間の歴史上最大の下水溝』だと言っていたよ」と友人。

「その通りだ、僕もそう思うよ。アンチインターネット派の怒りの爆発は今日小説の形でも存在するけれど、それらが影響力をもっていないことを見ればそう思えるね。君は例えばジャレット・コベック〔トルコ系移民の子孫でカリフォルニア在住の小説家〕の長編小説『くたばれインターネット』〔*I Hate the Internet*、2016年、日本語版2019年。国際的なベストセラーで九つの言語に翻訳された〕を読んだことはあるかい？」と私は訊いた。

「いいや」

「それならこの話はこれ以上進めないことにしよう」

「けれどモラル的に言えばフェイスブックに加わらない方がいいんじゃないだろうか、という質問をさっき君はしたよね？」

「それは慎重を要する質問なんだ。フェイスブックには世界中に20億人以上のユーザーがいる。僕がそこに加わらなかった

としても何も変わらないだろう。けれどその一員でいれば、も
しかしたら何かを少しでも変えられるかもしれない。というの
は、意味深い議論を交わしてさらに経験を積み重ねていこうと
する人がたくさんいるからだよ。それだけではなくこの点に関
しては本書のテーマと思える核心にかなり近づいているんだ。
つまり距離をおくのではなく参加し関与するべきだ、というこ
とだ。ここで最終的に問題となるのはわれわれの社会であり、
またこの社会はわれわれが意思していないものへと軌道を外す
ことはないからだよ。インターネットは誰にでも自由に使える
情報と高速の接続を備えたすばらしい発明、というのが事実だ。
プーチンの腐敗した体制をくり返し暴き、公然と批判できる
YouTube のような可能性がなかったとしたら、アレクセイ・
アナトーリエヴィッチ・ナワリヌイ〔1976年～。ロシアの野党勢
力指導者。2020年8月20日に意識不明状態になり、22日ドイツの病院
に搬送される。9月2日にメルケル首相が、また4日にはストルテンベ
ルク NATO 事務総長が、軍用神経剤が使用された「疑いの余地のな
い証拠がある」と発表した〕はどうしただろうか？」と私は訊いた。
「ところでモラルは才能の後を追うものだということも特に新
しい認識ではなかろう？　多くの発明でもそうだった。アメリ
カの西部開拓時代や産業化の段階においても最初は特にモラル
ある進め方がされたわけではない。それは後になってからのこ
とだ。そして好意的に解釈するのであれば、フェイスブック社
については自社が引き起こしたことを長いこと理解していなか
ったのだ、と言うしかないだろう」と友人は言った。そしてさ
らにこう付け加えた。
「またこれも新しい認識ではないのだけれども、人間はすばら
しいものを作りはするけれど、技術の進歩と正確に歩調が合っ
ていないことには驚くよ。猿の集団のようにばらばらにしゃべ

っている」

「猿はしゃべらないし、それに秩序もあるだろう。猿であっても少なくともアナウンスするボスがいる」と私は返してさらに続けた。

「ところで、この問題の核心をいくらかでも理解している人へのインタビューを何かで読んだことがあるんだ。その人が言っていたのだけれど、人間の歴史に新しい情報手段が登場するときにはいつも混沌とした段階がある。その後文明化の段階に入り、より秩序化された軌道に乗り経過していく。印刷術の発明後も同じだったということだよ。人間は新しい発明を、まずは常にモラルの観点から管理しなければならないんだ、言ってみればね」

「それについてはかなりゆっくりと始めることができるだろうね」

「始めるってどういう意味なんだ？」私は声を上げて、「始めるとか始めないとかの問題じゃないんだ！　人間は自分自身に対してもいつも注意深くなくてはいけないということだよ。それに、絶えず新たに管理下に置かねばならないことがあるのに実際にはまったくそれができていないということを理解することの方がむしろ重要なんだ。君はノルベルト・エリアス〔1897〜1990年。イギリス国籍のユダヤ系ドイツ人の社会学者、哲学者、詩人〕の有名な本『文明化の過程』*Über den Prozeß der Zivilisation*〔1939年、日本語版1969年〕を知っているだろう？この過程は決して止まることはなく、人間はつねに新たな挑戦の前に立っている。それにまた他者に依存しているがために自身の行動の影響を考えるようになる。そのために文明化の進歩の過程で自らの衝動をますますコントロールするようになること、またこの進歩の過程は確かに一つの方向に向かって進むの

だけれども停滞しないわけではなく、文明の喪失という後退も知っていることについてエリアスは根本から子細に書いてはいなかっただろうか？」

「エリアスの本のことははっきりとは思い出せないよ。そういう脱文明化にわれわれは直面していると君は考えているのかい？」

ドレスデンのバスのアーティスト、マナフ・ハルボウニの話に戻ると、彼のページへの投稿はゲロ吐きと言える。他にどう言い表せるのだろうか、比べようのないひどい暴言だ。

常連の飲み会説と言えるものがある。よく耳にする話だ。居酒屋にいる人びとは昔から変わっていないのだが、そのことをわれわれが理解していなかっただけのことだ。むろん、ほとんどは男たちだが、店に陣取り、タバコをふかし、飲み、しゃべり、わめき、興奮し、そしてやがては静まっていく。つまり、そこでは隣り合わせて座った者だけには耳を傾けるが、それを除いては他人の話を聞こうとはしない。ヤーナ・ヘンゼル〔1976年〜。ドイツの作家、ジャーナリスト〕は「ツァイト」紙 *Die Zeit*〔「時間」の意。週刊されるドイツの全国紙〕に「何もかも話すつもりではなく、またそれでいいのですが、基本的にはコミュニケーションやおしゃべりを中心とする」この考え方が好きであり、「人と一緒なのか一人なのか、つまり並んで座っているが話を聞いているのかどうかは最後のビールになると結局はどうでもよくなるのです」と書いていた。

今日居酒屋の数は以前ほど多くはないが、その代わりにフェイスブックがあり世界中で読まれている。もちろん無視することもできるだろうし、それも間違っているわけではない。ハルボウニ

に対する暴力的な物言いは人間の歴史上それ自体新しいことではないと認識することはまず気持ちを落ち着かせるし、またドレスデン中で、さらにはドイツ全土で彼が大声でののしられているわけではないことを知ればもっと楽になるかもしれない。

コミュニケーションの専門家オリバー・クヴィリングは、マインツ大学の彼の研究所で行ったこのテーマに関する研究の中で以下のように述べている。「全体として見ればフォーラムディスカッションに頻繁に投稿するのは、アンケートを受けた者の7%にすぎないのです。90%以上の人がツイッターやフェイスブックでコメントしたことが一度もないか、またはまれにしかありません。このことは、ごく少数の者がソーシャルメディア上での会話を決定していることを意味します。挑発を楽しんでいる者たちも一部にいます。彼らは戯れているだけなのです」

「そういうことをするかどうかは個人の人生経験による。インターネットの情報にコメントするのは僕が知る限り少数だよ」という友人の発言に、

「たいていの人たちは時間の無駄だと思うだろう。しかし言うならば、そのような**トロル**たち〔北欧神話に登場する妖怪、魔物〕は、オンライン上の何かしらのコミュニティで発言し、他者を挑発することよりましなことを人生で経験していないんだ」と私が返すと

「問題はわれわれも一緒になって戯れようとするかだよ」と友人は言った。

インターネット上で重要なのは**トロル**にエサを与えないこと

だ。彼らを無視するだけでいつかいなくなる。

　これに関してはウィキペディアの共同創設者ジミー・ウェールズ〔1966年～。アメリカ人〕が、「**ヴェルト**」紙 *Die Welt*〔「世界」の意味。ドイツの日刊紙〕とのインタビューで次のように発言している。

「トロルにエサを与えないということですが、国家元首がトロルだったらそれは難しいんじゃないでしょうか？」と質問した。

　これに対してウェールズは笑いながら答えた。「その通りです、それこそが問題なんです」

　それにフェイスブックは常連の飲み会とは違う。われわれがコメントしたことは居酒屋でのタバコの煙のようには消えていかず、アーティスト、ハルボウニのページに残り続けるのである。そもそもソーシャルメディアでは投稿された議論はすべてその相手にだけではなく、自分の友人や他のユーザーに対しても向けられる。それらの人たちからいいね、をもらうことを期待する。さらには、賛同しているからではなく「グループの良きメンバーであることを示したいがために」かなりの人たちが一つの情報を共有するのである。ブロガーでコラムニストのザシャ・ロボ〔1975年～。ドイツ人〕がこう言っている。「つまりソーシャルメディアで重要なのは、情報内容の真実性よりはむしろその社会的影響なのです。すなわち問題は、人間は常にどこかに帰属したがっているということです。さらに考えてみると、ソーシャルメディアでは他者が存在するところでとか直接誰かに向けてではなく、まったく別の空間で、ソファーに座っていたり列車の中や私のおよそあずかり知らないところで書かれています。それらの投稿は直接のコミュニケーションなど想定不可能な空間から、最大限想定可能な世界へと向けられるのです。ジョギングパンツ姿でソファー

にもたれて（別の服装、別の場所であるかもしれないがとりあえずそう仮定する）全世界に向かってしゃべる——そして**このことがわれわれの共生生活のトーンを変えないとは**私には思えないのだが……

　ハルボウニの件について言うならばゴミは残ったままである、彼の家の前と同様に社会にも。くり返して言うと**どこかで何事かを言うことは**、現代の共生生活にとり意味がないわけではない。キッチンテーブル〔ダイニングテーブルとは別のドイツのキッチンに置かれているもの〕で一人で、または行きつけの居酒屋でののしることも一つだ。まずは自分自身と、または居酒屋にいる人たちと決着をつけなければならない。その問題がキッチンテーブルや居酒屋に残されたままであれば、翌朝自分で、あるいは掃除婦がふきんでぬぐい去ることになる。

　しかしながらすでに述べたように、公の場で誹謗中傷することはまた別のことなのだ。つまり、それをすることによって後の社会も変えてしまうからだ。

　アメリカの大統領になろうとする男（残念ながらなってしまったのであるが）が2015年11月にしたように公の場で障害者を嘲弄するのであれば、くり返すが、そのようなことはますます起こるだろう〔2015年11月の支援者集会で、硬直したような表情で腕を不自然に動かすなどして障害のある記者を侮辱するようなしぐさをしたこと〕。ドナルド・トランプは、「彼のようには特権や権力をもたず、抵抗もできない」人間の猿まねをしたのである。「他者を辱めようとするこの性向、すなわちスポットライトを浴び権力を手にしている人間がそういう振る舞いをするのであれば、他の人たちも人前で同じことをしてもよいということになり、また日常においてもなされることになります。配慮のない行為は配慮のない行為を、暴力は暴力を生みます」と、メリル・ストリープは言っている。

なぜするのか？

　世の中に通用するということは別の言い方をすれば慣例であり、そしてこの慣例がそもそも最重要問題の一つである。というのは、これによって行動の規範が、すなわち何が受け入れられ、また受け入れられないかが決まるからだ。

　この点についてわれわれヨーロッパは、かなりの人たちが考える以上に事態はすでに進行しているだろう。2017年のフランス大統領選では、エマニエル・マクロン〔1977年〜〕が勝利したのではあるが、投票者の三分の一がマリーヌ・ル・ペン〔1968年〜。フランスの政治家、弁護士、欧州議会議員。2017年の大統領選挙の第1回投票では10人の候補者中の2位に入り決選投票に残ったが、最終的には1位のマクロンに敗れた〕をこの職務にふさわしいと考えたことは忘れるべきではないだろう。彼女は常に自分の個人的な必要に基づいて事実と関わるのだ、つまりは嘘つきの常習者である。

　先に挙げたゲオルク・シュテファン・トロッラーが「ツァイト」紙とのインタビューの中で、「ル・ペン女史は2017年初頭に、ヴィシー政権の最悪の犯罪の一つへのフランス人の関与を否定したのです」と語っている。1942年6月に1万3千人以上のユダヤ人が、その中には4千人もの子どもたちがいたのだが、エッフェル塔から遠くない自転車競技場に連れていかれた。ヴェロドローム・ディヴェール大量検挙事件〔*Rafle du Vélodrome d'Hiver*〕と歴史に名をとどめる冬季自転車競技場への連行事件のことである。トイレもなく何日にもわたりわずかばかりの食糧と水でしのがされた挙句、大人は、そして子どもたちもその1か月後にアウシュヴィッツへ強制移送されて殺害された。ル・ペンの主張によれば、この件はフランス警察によって組織されたものではないというのである。ユダヤ系オーストリア人であるために、チェコスロバキア〔1993年以降国名は「チェコおよびスロバキア共和国」〕とフラン

スを経由してアメリカへ亡命せざるを得なかったトロッラーが言っているように、彼女の発言は事実とは異なる。

「私はそこにいました。だから私は知っています」、と彼は言っている。

　まったく別の例を挙げよう。ザシャ・ロボが *re:publica 2017*〔ウェブ、ソーシャルメディアやデジタル社会についての国際会議で、毎年ベルリンで開催される〕のスピーチの中で次のようなことを言っている。「『シュピーゲル・オンライン』 *Spiegel Online*〔「シュピーゲル」誌のオンライン版。「シュピーゲル」は鏡の意。発行部数がヨーロッパ最大のニュース週刊誌〕に地中海の難民救助をテーマにした私のコラムが掲載された後で、一通のメールを受け取ったのです。そこには『病気で弱っているやつら、お前のような毒ガスで殺さなければ**ならない**〔原文でこの語はすべて大文字〕ようなカス（人間は本来思いやりがあり非情ではありません)』、とありその後すぐに『待てば海路の日和あり、殺害だ』と書かれていました」。かなり多くのジャーナリストや政治家が、この類のメールをほぼ毎日受け取っていることを私は知っている。これはロボが言うところの「自分たちは社会の中でますます重要な存在になっているのだと思い込み、それゆえに思うがままの振る舞いが可能であると思っているグループ」のほんの一例にすぎないはずだ。

　さらにもう一例挙げよう。それは、状況がどれほど速く変わるかを示している。英国の作家ロバート・ハリス〔1957年～〕が2017年の「シュピーゲル」誌とのインタビューの中で言及しているのだが、彼の母国はロンドンオリンピックの2012年にはまだ「寛容で世界に門戸を開いた国の模範」であった。がしかし5年後には、「わが国は排外感情の代表になっていた」という。大衆向けの新聞・雑誌は「密告者」や「破壊行為を行う者」を絶えずけしかけ、またテリーザ・メイ首相は、「世界市民〔個人が属す

る民族、国民、国家などに特有な価値観念ではなく全人類を仲間と考える立場に立つ者〕はどこにも属さない市民」であると言っている。この発言はハリスにとってはほぼ「反ユダヤ主義の匂い」がするものであり、「国際的な事柄すべてに対する、また根をもたないと思える人たちに対する憎悪の表れなのです。そしてその憎悪を利用してヒトラーやスターリンはユダヤ人への排外感情を増幅させたのです」、と語っている。

　ところで社会規範の変化によって行動も変わることは、**他者**だけではなくわれわれ自身も同じだ。2017年5月のNATO首脳会議の折、ドナルド・トランプは目にしたこともない嫌悪を感じさせるようなやり方で人を押しのけて前に出てきた。彼は背後から来て、あたかも邪魔な群衆であるかのようにモンテネグロのドゥシュコ・マルコビッチ〔英語版〕首相〔2016年〜〕を押しのけて前列に進み、ジャケットを直しながら勝ち誇ったようにあごを突き出した〔首脳たちの共同写真撮影時にトランプ大統領がマルコビッチ大統領を押しのけ、前列のイエンス・ストルテンベルクNATO事務総長の隣に収まったこと。ストルテンベルクはノルウェーの経済学者、元首相、ノルウェー労働党党首。1959年〜〕。雄ゴリラであったとしてもこれは下劣な行為だろう。風刺作家のヤン・ベーマーマン〔1981年〜〕は「ハハハ、なんというバカで育ちの悪いクソ野郎だ」とツイートしている。

　もちろんその通りだと私も思った。しかしこれは**公に言うべきことなのだろうか？**　言い方を変えるならば、トランプがこの瞬間にわれわれを（あるいはいずれにしてもヤン・ベーマーマンを）彼のレベルに引きずり下ろしたということではなかろうか？

　私が言おうとしているのはこういうことだ。**クソ野郎**発言をする者は、その人自身もその仲間であり、自分の目的にかなうので

あれば他人を誹謗中傷しおとしめるようなレベルの世界に自分自身も属していることを意味する。嘘つきを嘘つきと、人種差別主義者を人種差別主義者と、能なしを能なしと言うことについて、それが真実を言い表しているのであれば私には異存はない。

　しかし最底辺へ降りていく、向こう側の人たちのところへ行くというのはどうなのだろうか？

　このことを如実に言い表しているマーク・トウェインの言葉がある。「**愚かな者と争ってはいけない。その者たちは結局のところ君を彼らのレベルに引きずりおろし、それから彼らの経験で打ちのめすつもりだ**」。底辺にいる者の方が事情に精通しているのだ。

　ところで先に挙げた常連の飲み会説だが、とりわけ次のことを意味している。人間は、自分の言うことに耳を傾けてほしいという強い欲求をもっている。注目されることが必要であるし、注目したいとも思う。他者との交流の中でのみ人間は生きていけるのである。

　居酒屋や食堂で他の人と同席しようとするのはそういうことなのだ。少なくとも同席した人たちは自分の発言に注意を向けると思うからだ。注目されたいという願望は人間の基本的な欲求の一つである。子どもはみな親の注目を欲する。第二子が第一子とまったく異なる成長をするのは珍しいことではない。第二子は、両親が自分にも献身してくれることを確信できるからだ。第一子とまったく同じ状況であれば、注目されないことに不安を覚えるに違いない。

　人間は認知されることを望んでいる。他者の認知を通してのみ自己感情〔自分についてもつ自分自身の感情、優越感や劣等感など〕が生まれるからである。「他者の意識の舞台」で役割を演ずるの

でなければ、われわれの存在は意味がないのである。

　建築家、哲学者で経済学者のゲオルク・フランク〔1946年～〕は90年代に著した『注目の経済学』Ökonomie der Aufmerksamkeit〔1998年〕で次のように書いている。「他者の意識の中で重要な役割を演じたいという願望は人間の宿命である。すべての社会的動物は、すでに言及した猿の集団も含めて、生きている間の大部分の時間を互いを観察することに費やす」。インスタグラムやフェイスブックやツイッターでは、それ以外の何が重要だというのか？　絶えず観察し合うことが大切なのだ。ありきたりで直接的な、そしてやや攻撃的な言い方をするならば、ソーシャルメディアについては霊長類のヒトは基本的に新しいことを何も発見したり成し遂げたりしていないのだ。自己とこれまで同様の取り組みを永久にするための、世界を舞台にしての社会的情報伝達手段にすぎないのだ。

　互いに注目し合うことについては、グループ内のヒエラルキーが重要である。「身体が相応のモルヒネを必要とするのと同様に、心も相応した思いやりを必要としている。そして誰からも注目されていないのに、他の者すべてを注目せずにはいられないのはこのヒエラルキーの最底辺の人たちである」。それゆえに「他者からの注目はすべての薬物のうちで最も抗しがたいものである」とフランクは言っている。

　2016年のアメリカ選挙でこのことが過激な形で明らかになったシーンがある。10月、ドナルド・トランプとヒラリー・クリントンはテレビ討論のために会した。スタジオでは二人にそれぞれ席が決められていた。クリントンが話し始めるとすぐにトランプが彼女の背後にまわった。彼は席を立ち上がると心理的に圧迫するように、また動物が威嚇するようなしぐさでスタジオ内を歩き回った、ことさらにクリントンへの注目をそらして自分の方に

向けさせることが目的であるかのように。

　それはマナーをことごとく欠いた行動であり、おそらくはそれが故に大成功であったのだろう。というのは、無分別な力による振る舞い、「私が欲し必要としているものは何としてでも手に入れる」という感情の表れ、とその行為は印象づけたからだ。トランプを選んだ人たちにとってとりわけ重要であったのは彼らが欲し、必要とし、手にしていないと思っている注目を手に入れることであったろう。その点に関しては彼らがトランプを選んだことは正しかったのだ。

　トランプは常習的な嘘つきで、あらゆる類の知的思考力に欠け、加えて極めて自己中心的な人物と言えるだろう。

　しかし彼は、無視されないように行動する術、自分の主張に耳を傾けさせる術を心得ているのである。

　2017年に亡くなっているが、晩年にイギリスで教鞭をとっていたポーランド出身の社会学者ジグムント・バウマン〔1925〜2017年。英リーズ大学およびワルシャワ大学名誉教授〕は、エッセイ『他者への不安』 *Die Angst vor den anderen* の中で、『イソップ寓話』からカエルとウサギの話を引用している。ウサギはあまりに多くの肉食動物に襲われるという不安に支配された生活に嫌気がさし、最後には池に入水しようと決心する。池にやって来るとウサギたちはそこに棲んでいたカエルたちを驚かしてしまい、パニックになったカエルたちは水の中へ飛び込んでしまう。ウサギは**自分たちを恐れる生き物もいる**、ということを知る。「立場を替えたいとは思わないような自分たちより不幸な者は必ず存在するのだ」と1匹のウサギが教訓を言葉にする。

　バウマンはこの話を現代の社会状況に当てはめている。ウサギは経済的限界に追いつめられている人びと、そしてカエルは移民

たち（おそらくアメリカ合衆国のメキシコ人とイスラム教徒）ということである。彼はこう書いている。「どん底に落ちたという思いをもっている追いつめられた人たちにとり、まだその先にさらに深い底があるのだと知ることは心が救われる経験である。そしてその経験が、まだ残されているかもしれない自尊心を彼らに取り戻させるのかもしれない」

　このあと次のような問いが続く。「その苦境を一番よく知っているというだけで、カエルの不安を最も理解できるのはウサギだということには必ずしもならないのではないか？」
　ウサギはそういう役割を果たすわけではないだろう。少なくともイソップの寓話ではそうではない。（自然界でも同様である。フラストレーションをカエルにぶつけるウサギはいない。私はウサギの大家ではないがそのように確信している）。
　では人間はどうなのだろうか？

　また他方でポピュリズムをかかげている現代の政治家すべてが、経済的安定を失った人びとにだけ支持されているのではないことも事実だと言えよう。
　例えばオランダでの2017年の選挙前では右派のポピュリズムを掲げる自由党 *Partij voor de Vrijheid* の初代党首ヘルト・ウイルダース〔1963年〜〕の支持者は、これまでのような安定した生活が失われるのではないかという不安に過去にも現在でも支配された、経済的にはある程度恵まれた人たちばかりであったことに注目できる。問題は少し違うところにある。（アメリカの作家バーバラ・エーレンライクが1989年すでに自著のタイトルにしたように）『転落の不安』〔*Fear of Falling*〕が、そしてこの不安が認識されていないことが、さらには誰一人として心にとめたり認め

ようとしない感情であることが問題なのである。

　2017年3月ケルンのドイツ経済研究所は、当時 AfD〔Alternative für Deutschland、「ドイツのための選択肢」。ドイツの政党、2013年に反 EU、反移民、反イスラムを掲げて結党〕が支持者をどこに見出していたかという調査結果を発表した。それによって明らかになったのは、支持者は生活に困窮し社会福祉に依存している人びとではなく、中間層の人たちであった。「この党は、自分たちに委ねられていると感じている平均的な収入のある人びとの党である」とそこには書かれていた。つまりは、経済的破綻への大きな不安と現今の政治に対して何の影響力ももつことができないという思いを抱いている人たちの党だ、ということである。この不安とは将来に対する不安であり、それはとりわけ一点に、つまりは他国からの移住者、難民と移民に向けられた。

　無力感と不安は補強し合う組み合わせである。不安を抱いていながらその原因に対して無力を感じている人の不安はやがて支配的になり、言葉で発することを求めるからである。本当に理解し難いのであるが、どうやら外国人をまったく知らない人が外国人に対して最も不安をもっているようだ。しかしそのことを知ったとしても、政治的無力感は小さくはならない（このような人たちが外国人を何人かでも知れば、それほど不安をもつことはなくなるであろう）。

　人生の出来事や政治に対してわれわれはみなさまざまな考え方をするだろうが、外界の出来事に対しては人間はまず不安を抱くものであると考えてみてはどうだろうか？　そうはならず心理的基盤によって世界とその動向をポジティブに確信をもって受け入れることができるとしても、その資質をもち合わせていない人びとを見くだす理由になるだろうか？　前提と手段が極めて異なっ

ているだけで、われわれはみな人生を似たような方法で闘わなけ
ればならないことを理解することの方がはるかに重要ではないだ
ろうか？

　私が言いたいことは次のことである。自身の経験からではある
が、不安をもったときにはそれを押しのけたり抑圧したりせずに
まずは認めることが非常に大事である。そうしなければ不安はい
っそう大きく支配的になるからだ。また認めることは、不安を自
分一人で抱えこまずに他者と分かち合い、自分だけではなく他者
もまた同様の不安をもっているのだと知ることをも意味してい
る。次に役立つのは、可能な限り理性のスイッチを入れることで
ある（すぐにはできないかもしれないが、時間がたてばたいてい
の場合可能である）。このことは不安が別種のものに変化しない
ように現実を客観視し、不安のただ中にあっても自分を見失わず
に不安と向き合うことを意味する。例えば不安が流出したり、ま
た望ましくなく耐え難いさまざまな感情のはけ口である憎しみに
変わらないために、である。

　例を挙げてみよう。私は電車や駅に、つまり多くの見知らぬ人
たち、外国人も移民も難民もいる場所にいることがよくある。こ
のことはどれほど相矛盾した感情が人の頭をよぎるかを明確に知
るには極めて役に立つことであろう。控えめに言ったとしても時
には不快な気持ちになる。怪しげな若者たちがいたりすると人は
彼らを避ける。リュックサックを背負った人を見かけると襲撃の
光景が頭に浮んだりもする〔2013年4月に起きたボストンマラソン
の競技中のテロで、二人の実行犯はリュックサックに爆弾を入れてい
た〕。もしかしたら不快にさせる存在のあまりの多さに腹を立て
ているだけで、そうではない状況を望んでいるのだろう。また同
時に、自分の考えや感じ方に疑念ももっているのだ。なぜお前は

そんなにヒステリックになっているのか？　外見が違うだけで、もしかしたら過酷な試練を乗り越えねばならないのかもしれない人たちに対して、なぜお前はそんな風に感じるのか？　恵まれた環境にありながらお前がいま反感や恐怖の感情にとらわれていることは、モラル的に言うならばまったく不適切ではないのか？

「自国で疎外感を感じると原不安〔誕生の際、母体から切り離されることにより生じる不安〕を引き起こす」とリヒャルト・シュレーダーは書いている。彼は神学者でまた哲学者であり、1990年初頭に自由選挙が行われたドイツ民主共和国の人民議会の、後にはドイツ連邦共和国でSPDの国会議員であった。「この原不安はファシズム的でも人種差別的でもない。それは誠意や良識がないということでもなく、われわれの近い将来のための土台にもならない」のであり、「自国で疎外感をもたなくてすむように十分に備えています。安心してください」というように、疑念を抱いている人たちに対しては国家こそが目に見えてわかるような政策によって信じることができるように対処しなければらない、ということである〔テロなどの過激な行為へと向かわせる理由は信仰心や政治的信条以上に、社会的疎外感にあるという社会学者の研究結果がある〕。

　これは何を意味しているのだろうか？

　おそらくはいかなる政策もこの不安を軽視したり無視すべきではない、ということだろう。このことは、政治がこの不安に従わなければならないことを意味しているのではない。しかしこの不安が存在しないかのように、また愚かで時代錯誤的であるかのように思ってはならない。

　この不安はそういうものではない。

　この不安は存在するが、決して支配的ではない（私個人は少なくともそう思う）。が、しかし存在している。このことがまずはすべてなのである。

もとのテーマに戻ろう。さしあたり残っている疑問は、何とかして世の中に合わせなければならない、あるがままではいられないと人はなぜそれほどまでに思うか、である。

　われわれはこの事実をなぜ認めないのか？

　注目の経済学の研究者ゲオルク・フランクは言っている、「当然手にすると思っている注目を得られない者は、切望する注目を与えることを拒む者を中傷し始める」と。

　これに関しては一つ話がある。

　2017年の冬の終わり、昼時に私はドレスデン（またもやドレスデンであるが、この本の執筆中に何度も行ったのである）のとあるレストランにいた。私が唯一の客であった。それからすぐにラフな服装の年配の男性が二人、大きな声でしゃべりながらその店に入ってきた。彼らは私から離れたテーブルについた。楽し気で自己満足した様子で話し声は店内に響き渡っていた。少しすると話題は政治に移った。マルティン・シュルツがその年の春に短期間 SPD に新しい希望を呼び起こしていた数週間のことであった〔シュルツは2017年3月から2018年3月まで党首、就任後の SPD の独自集計では1万人の新党員を獲得し、「シュルツ効果」と言われた〕。

　1990年〔連邦議会選挙で SPD は敗北〕のことを念頭に片方の男性がこう言った。「経済がうまく機能している国にやって来れば、結果何もかもうまくいくんだ。俺たちはどこにいるんだ？　バナナ共和国〔バナナなどの第一次生産品の輸出に頼り、主にアメリカ合衆国などの外国資本によってコントロールされている政情不安定な小国のこと〕に、だ。シュルツは希望の星だよ。2回落第しているし、アルコール依存症だ」

　そんな風に話が続き、その後二人はミディアムステーキを注文した。

　私は支払いを済ませ店を出た。しかし怒りと不快感に襲われた。その理由は、第一に、1990年には経済がうまく機能する国の一つになるだけではなく協調と権利と自由も重要ではなかったか？〔10月3日の再統一後、旧東ドイツでは民営化された国営企業の多くが倒産し、失業者が増加、ドイツは深刻な不況に見舞われた。そのために移民排斥を主張するネオナチ思想が復活した〕　第二の理由は、トーマス・マンもまったく凡庸な生徒であったし、ペーア・シュタインブリュック〔2002〜2005年、連邦政府アンゲラ・メルケル内閣の財務相〕も二度落第しているし、ヨシュカ・フィッシャー〔1948年〜。同盟90/緑の党所属。1998〜2005年、ゲアハルト・シュレーダー内閣の外相兼副首相〕もギムナジウムの卒業試験を受けずに中退したこと。第三の理由は、私たちの国をバナナ共和国だと決めつけるとは、よほどの現実知らずに違いないということだ。つましい暮らしの市民が平日の昼時に飲食店に入りミディアムステーキを注文するとすれば、家計にどれほどの負担を強いることになるのか。外では太陽が輝き、武装していない歩行者たちが交通量の少ない通りを前に青信号を待っている。餓死する者はなく、駅では定刻通りに列車が出る（毎日ではないことは確かだがこの日はそうであった）。加えてあのような会話！

　ドレスデンの二人の老人、その人たちのことは私にはどうでもいいと言える。彼らのことは何も知らないし、いくつかの発言を耳にしただけのことだ。世界のことは知らないにもかかわらず何もかも知っていると思い込み、一人よがりになって不満をかかえている者たちのありふれた愚痴を聞いただけにすぎない。今日、人は文句をつけるのだ、市民から遠いヨーロッパに対して、欲のある政治家たちに対して、権力をもった政党に対して不満を言うのだ。

　ドレスデンではなく、オーバーバイエルンでの友人たちとの夕べを私は思い出している。彼らの一人が言った、「本当のところ

ヨーロッパはわれわれに何を与えてくれたのだろうか？」。私は非常に感情的になって話し始めた。「この大陸はどれほど多くの悲惨を味わったことだろう、数十年にわたる戦争や疫病に何度襲われたことだろう、人類の歴史上極めて重大な犯罪を経験したではないか、この大陸の国々はどれほど憎み合っていたことか、こういったことすべてが今では過去のことになって、われわれは平和で自由にそして大部分の人たちは豊かに生活しているんだよ」

「それをヨーロッパはわれわれに与えてくれたんだよ」と私は声を張り上げた。

「その点では君は確かに正しいよ」と皆が言った。だがその二人の男たちはなぜそれを忘れてしまったのだろうか？

　このことをベルリン在住のオーストリア人作家エーファ・メナッセ〔1970年〜〕は「ぜいたくというもの、豊かさゆえの荒廃とも言えるもの」、と言い表していた。われわれを統治しているエリートたちを軽蔑したがるが、ヨーロッパがかつてどれほど破壊され引き裂かれていたかを思い出そうとはしないのである。

　思いあがった無能な者たちだけがわれわれを統治するとしたら、豊かに平和の中で暮らすことは可能なのだろうか。さらに言うならば、私はエリートに統治されたいと思う。人工関節が必要になれば専門知識をもった外科医を探す。車の修理が必要となれば専門の工場に問い合わせる。家を建てようと思えば有能な建築家を懸命に探す。政治についてはなぜそうであってはならないのか？　専門知識をもった政治家たちと政治方針を決定したいと思うのだ。

　元大統領夫人や金持ちの息子しかトップの職に就けない国に住んでいるのであれば、特出した能力がなければ政治の中枢で一役を担うことがほぼ不可能であるならば、つまり国のエリートにのぼる可能性が一介の市民にはごくわずかでもないということであ

れば、頭をかかえてしまうだろう。

　しかし2017年までの三代にわたるわが国の首相たちはそれぞれ、税務署員ハンス・コールの、出稼ぎ労働者フリッツ・シュレーダーの、牧師ホルスト・カスナーの子どもたちであった。

　ゲオルク・フランクは「ルサンチマンの経済」〔ルサンチマンは弱者が強者に対して抱く怨恨、復讐、反感〕について、つまりコンペンセーション取引〔現金を使わず商品やサービスを交換することによる取引〕について次のように語っている。「私が必要としているようには君が私のことを心にとめてくれるのでなければ、君の注目などまったく必要としていないかのように振る舞うだけです。私が軽視する人たちの共感をなぜ私が必要とすべきでしょうか？」

　にもかかわらず注目されなくてもいいというわけではない。注目されなければ撤退、諦め、不満しか残らないからだという。「それゆえに」とフランクは続ける。「ルサンチマンも、まさにルサンチマンこそが承認欲求が強いのです。ルサンチマンは、ソーシャルメディアの共鳴室では古いメディアにおけるより簡単に必要としている共感を得ることが可能であるし、また同じ考えをもった人たち、同じように感情を傷つけられた人たちの中で共感が高まることもありえます。ルサンチマンが攻撃的になり政治的に組織化されると、以前に拒絶された注目を脅し取るのです」

　まさにこのことが西欧の政治世界で起こったのである。

　少しでも自己観察をしようとする者は誰であれ、フランクが注目の本質について何を言っているのかを理解する。「注目は当てもなくさ迷い歩こうとし、新しもの好きで、そのために気分屋にさせます。不安を取り除き気持ちを集中させるためには、努力が必要です。注目は楽しもうとするからです、スキャンダルやタブーを犯しても」

努力して必死に注目を手に入れようとすることによる不満から、また気晴らし、憂さ晴らしをして楽しみたいという願望からソーシャルメディアはばく大な利益を得たのである。大衆の注目という財物はその目的のためにはまだもって足りないとばかりに、それをめぐって苛烈な闘いが行われている。このビジネスにおける勝者は、注目の需要にもっとも上手く応える者そして他者の挑発や卑劣さや侮辱行為を意に介さない者である。最も重要なことは、世界が注目し、クリックし、そして怒り、語り、書くということなのである。

　放置されて荒れ果てたというに尽きるのではなかろうか？

　ドレスデンにバス−モニュメントが建てられたとき、その前ではザクセン州の SPD 議長で経済相のマルティン・ドゥーリヒ〔1974年〜〕と年配の婦人との記憶すべき出会いがあった。彼女は、世界大戦中にドレスデンが破壊されたという記憶がこのモニュメントのせいで台無しにされると考えて異議を申し立てるためにまたやって来たのだ。この出会いについてはインターネットで見ることもでき、当時「ツァイト」紙は彼らの会話の大半を文字に起こしてすら公開した。

　二人はしばらくの間話し合い、モニュメントの除幕式を執り行った上級市長〔大都市の市長〕のヒルベルトが生粋のドレスデン人と言えるかどうか（この問題は自分のことを「生粋のドレスデン人」と見なしている人びとにとっては特別な意味をもつのだが）、その点に話が及び、市民の一人がヒルベルトは8年間ケルンに住んでいたと口をはさんだとき話は次のように展開した。

　市民の女性：私の具合がひどく悪かったときに彼はここを立ち去って、その後また戻ってきた。そんな人がここで何をする

つもりだったの？

大臣：いいですか……

市民の女性：いま何も説明がほしいわけじゃないのよ。

大臣：私と話をするお気持ちはありますか、それとも私にゴミ
　　をぶちまけたいだけですか？

市民の女性：そう、わかったでしょ、私たちはまたそこに戻っ
　　てきた！　ゴミをぶちまけるのよ！

大臣：あなたは私と……したいですか？

市民の女性：ゴミをぶちまけるのよ！

大臣：そうですか、お話しになるつもりはないということです
　　ね。見たところ何かお望みのようですが……

市民の女性：話をしないですって？　じゃ、私はいったい何を
　　しているの？

大臣：いま話し合うことをお望みですか、それともそのお気持
　　ちはないですか？　お話をしようじゃありませんか？

市民の女性：いいえ、話すつもりはないわ。伝えたいだけ、そ
　　れが……ということを。

大臣は笑う。

市民の女性：わかったでしょ、あなたはそのことをテレビでま
　　た堂々と言えばいいのよ。彼らは私と話をしません。この婦
　　人というかこの女性は私と話をしません、とね。

大臣：あのねえ、私は……したいのですが。

市民の女性：ちなみに私は「ナチ」よ、ペギーダの一員なのよ。

大臣：あなたとぜひお話をしたいのですが。

市民の女性：たとえいまのあなたにとっては都合の悪いことだ
　　としても、そういうことなの、無意味なのよ。

大臣：話し合うおつもりはないということですね。

市民の女性：ここに建てられたものが何かを説明してくれなく

てもいいのよ。頽廃的なものだと思っているんだし。これが
最後の言葉よ。

大臣：あなたは私と話をしたいと思われませんか？

市民の女性：思わないわ、そんなことはまったく望んでいない。
だってあなたはどっちみち私の言うことをまともに取ってい
ないのだから。

大臣：私はここに立ってあなたと話し合おうと試みています。
でもあなたは、私には話し合うつもりなどないという表向き
の理由をずっと積み上げているのです。

　この二人はそれからしばらくモニュメントと上級市長による除
幕式について議論してから話し合いを終える。

大臣：なぜあなたはいま私と話すことを望まれないのですか？

市民の女性：さあね、意味がないからよ。あなたは私の言うこ
とがわからないし、私もあなたの言うことがわからない。ま
ああなたは話をするためにここに来ている人に話しかけたら
いいのよ。これ以上話すことはないわ。

それから彼女は立ち去る。

　なるほど二人の人間が向かい合いながら、まったく話し合うこ
とができていない状態は絶望的と言えるかもしれない。だがその
一方でこういったことはありふれたことのようにも思える。もち
ろん自分の生活においてもそうだが、ロリオー〔またはヴィッコ・
フォン・ビューローとして知られる。1923〜2011年。ドイツのコメ
ディアン、ユーモア作家、漫画家〕による「フェルンゼーアーベント」
Fernsehabend〔テレビの夕べ、の意。ARD テレビ放送のアニメ番組
で放映されたスケッチ調の風刺漫画〕でも。このスケッチでは、つ
いいましがた壊れたばかりのテレビの前に一組の夫婦が座ってい

る。彼らには毎晩テレビの前に座るという習慣がすっかり定着していて、それ以外のことは思いつかないらしい。つまらない番組ばかりで、とにかくテレビは退屈なものだと話し合う。見えるのは壊れたテレビだけなのに、お互いに相手がその都度テレビの方を見ていることに気づく。そして妻は、そちらの方を見てはいなかったと反論する。

　彼女がそちらの方を見ていたと夫が思ったのはなぜか？

　彼：そのように見えるのだが……

　彼女：そのように見えるなんてまったくありえない……だって私はテレビを無視してるの……わざと無視してるのよ……もう少しだけ注意してたら、わざとそうしてることに気づけたのに、あなたはまるっきり私に関心がないのよ……

　会話の最後に彼が、「ターゲスシャウ」*Tagesschau*〔今日のニュース、の意。ARDテレビ放送のニュース番組のタイトル〕の最終ニュースを見た後寝るよと予告すると、でもテレビは壊れているじゃないのと彼女は異議を唱える。

　彼：（**力づよく**）いつ寝るか、僕は壊れたテレビの指図など一切受けないよ！

　この会話から滑稽さを全部取り去ったとき、問題になるのはいったい何か？　問題は二人の人間だ。**実際に彼らの心のうちで何が起こり、彼らにとって何が大切か**について語り合うことが全然できていない。テレビが壊れたとたん、自分たちにとってテレビは重要ではない、とにかく番組がつまらない、だからテレビは自分たちにとって無くて困るものではないと互いに言い合っている。というのは、そう言いながらも本当はテレビが無くていかにつらいかを互いに認め合ってはならないからだ。

　しかしその背後にはさらに良くない何かがまだ潜んでいる。そ

れは、正常に機能しているテレビの側からいうなら、結局彼らは互いへの関心をすでに失っていて、場合によっては頻繁に（テレビがあろうとなかろうと）語り合う時間があっても、決してそれをしないということがいつも覆い隠されていただけなのだから。

　かつてある精神分析医は、治療を始める前には常に大きな願いを抱いているのだと話してくれた。まず医者の彼が手を貸すことによって患者が自分の言葉を見つけだし、次に実際に患者が自分の心のうちで起こっていることを話せるようになり、最終的には自分の思いを相手に伝えられるようになってもらいたいと願っているのだ、と。

　ドレスデン市民の女性は自分の心を動かしていることを本当に語っているのか？　彼女が誰も自分に関心をもってくれないという感情に支配されていることは明らかである。それどころか彼女は、上級市長はよりによって自分の具合が悪いときに町を立ち去ったとさえ言っている。もちろんこのことはとてもおかしなことだと思われるだろう。よりによって彼女がそんなに惨めな状態であることを、なぜ上級市長が知っているのか？　要するにこのことは、この女性がいかに自分が劇的に顧みられていないと感じているかを示している。

　だがそのことについて話されているか？　この、人びとによって顧みられないということはわれわれのテーマである誠意にも関連しているのではないか？　それは誠意が他者に注意を払うことをも意味しているからか？

　いや、語られているのは一つのモニュメントについてであり、彼女の考えでは、モニュメントもドレスデンも彼女の心のうちで起こっていることとは無関係、彼女や彼女の心配事とは無関係なのだ。人はそのことを理解するかもしれないし、そのことについてもっと知りたいと思うかもしれない。しかし大臣は、一度「そ

の点についてあなたのお考えを詳しくお聞かせください」とか、
「いまきちんと理解できなかったので、もう一度説明してくださ
いませんか？」と言う代わりに、彼女をますます挑発する。あな
たは全然私と話をしない、とその都度言い立てることによって、
状況を解決しようと試みるよりむしろ解決をさらに難しくしてい
る。

「いま何も説明がほしいわけじゃない」と彼女は言う。望んでい
るのは説明とはまったく違うことなのだ。

　彼女が望んでいるのは物語ることである。

　ところが、そうはならない。

　人はそのとき言うかもしれない、そうはいっても明らかに難民
の苦労と比べて、物質的に困窮した生活をしているようには見え
ない女性の心配事とは何か!?　しかしそれでもやはり次のことを
意味するだろう、その女性の心を揺り動かしていることは実際誰
の関心もひかず、それについて誰も話そうとしないということを。
だが彼女が自らそれについて語らないのはなぜか？　もしかする
と（私はそれが何なのか知らないし、その女性も知らないが）将
来への不安、そして人が必要としている確実性を喪失することへ
の不安について何か耳にすることがあるのかもしれない。ドレス
デンや別の場所に住む激怒している人びとの多くの場合について
も、自分たちの生活（それはおそらく旧東ドイツで始まり、新たな
世界に適応するには旧東ドイツの終焉はあまりにも遅すぎた）が、
希望通りのものにならなかったことが明らかになってきているの
かもしれない〔旧東ドイツは DDR：Deutsche Demokratische Republik
「ドイツ民主共和国」。第二次世界大戦の終結に近い 1945 年 5 月に無条件
降伏したドイツの国土は、米英仏ソの 4 か国による分割占領統治下に置
かれ、1949 年 5 月に西側 3 か国の占領地域は西ドイツ、すなわち BRD：
Bundesrepublik Deutschland「ドイツ連邦共和国」となり、ドイツ東部

のソ連の占領地域は同年10月東ドイツとなって、長期にわたり東西に分断された。ドイツの再統一は1989年11月9日の「ベルリンの壁」崩壊を直接の契機として、翌年10月3日に西ドイツによる東ドイツの吸収合併という形で達成された〕。

　そういうことが話題にされたとしても、誰がそれを軽蔑するだろうか？

　だが、そういうことは言われない、**やはりそういうことは言えない**、ここでは、この興奮状態の中では、何台ものテレビカメラや多くの人びとの前では、そして次のような男性の前では。その男性は大臣であり、彼にとっては実際に、語るためにやって来たという姿勢をこの群衆の面前で、何台ものカメラの前で示すことは必ずしも重要でないとは言えないのかもしれない（そのことについても私は知らない、その大臣を知らないのだから）。もちろん本当は、ここでは語ることができず、議論すべきであろう事柄をどこか静かなところで二人だけで論じるために、その婦人を1杯のコーヒーに招くほうがいいということが彼にはわかっているに違いないとしても。

　しかしそんなことを大臣に要求することができるか？

　私は、消えつつある東ドイツとそこから誕生しつつある新連邦諸州へ、新聞社のルポライターとして出かけていたあの数年間のことを思い出す。いつもまず、話したくない、時間がない、だって他の人はどっちみち自分たちに関心がないのだから、と言っていた多くの人たちのことを思い出す。それでも実際にルポライターが、彼らの生活に、時としては長時間にわたるとても悲しい話し合いに関心をもっていることに気づいた後は、よく私たちは何時間ものあいだ一緒に座って過ごした。そのとき私にとって大切だったのは、ここで自分を善人や単なる会話のパートナーと思わ

せることではなく、むしろ当時の私はその話し合いに完全に仕事の上での関心をもっていたし、仕事にはそれが欠かせなかった。

　私が言いたいのはただ、もしわれわれにとって共生することが重要なのであれば、一緒に暮らさなければならない人たちや、場合によっては一緒に暮らそうと思う人たちに多少の関心をもっても損をすることは決してないということだ。

　われわれの多くは、政治家たちの多くもそうだが、駆けずりまわって日課をこなし、場合によっては打算的な考え方をすることによって、この関心を少々失ってしまったのだろうか？　また（私のおじの問題に立ち返るなら）人びとにとって必要な、受けて当然のいくらかの敬意も失われてしまったのだろうか？　ドレスデンの大臣のような政治家が、自分の関心や自分自身のことを、そして何台ものカメラと有権者たちの前に立派にじっと立っていたいという自分の願望を、いつか見合わせることはできない相談なのだろうか？

　代わりに彼がいつか何かを知りたいとだけ思うことはないのだろうか？

　「ところで君は、先ほどドレスデンの二人の老人を問題にしたときに豊かさゆえの荒廃ということについて触れたんじゃなかったか？」と友人は尋ねる。

　「その通りだ」と私。

　「そのとき、君が怒りと不快感をそのままにしておかないということにも触れなかったか？　それとは別に、何か疑問に思っていることがあるの？　それとも彼らに何か訊くことができたのか？」

　「でも僕はどんな考えもどんな感情の高ぶりも抑えることがで

きない」と私。

「しかし豊かさゆえの荒廃というのがふさわしい言葉かどうか
という問題はやはりいつかもち上がるに違いないだろう」と彼。
「また、なぜ豊かさが、人びとが不安になったり、本能をその
ままにしておいたりすることを妨げないのかについても、よく
考える必要がないのかどうか」

「君の言う通りだ。その点に戻らねば」と私。

⁓

　ちなみに私は自分に届くどの手紙、どのメールにもなるべく返
事をすることを習慣にしてきた。これは私にとって礼儀の問題な
のだ。もし誰かが私を侮辱するような文章を書いてきたら（もち
ろん政治的論評の分野で私以上に多くの仕事をしている仲間たち
に比べたら、その頻度はまったく比較にならないのだが！）、な
ぜその人物が罵詈雑言を雨のように降らせるのかわからないと私
は書く。この行為が正当化されるようなどんなことを私がしたと
いうのか？

　そんなとき返事はいつも来ない。

　すでに何度も問い合わせをしてきた老人が、大晦日の夜中の3
時半にメールをよこした。彼はメールの中で、オバマは人殺しで
ヒラリー・クリントンは危険なサイコパスであることをくり返し
私に説明しようとしていて、インターネット内の何か怪しげなサ
イトを使って常に新たにその証明を試みていた。つまり彼は、主
要な（そう、そう、主要な）メディアでは真実は明らかにならな
いという考えであった。

　ところで、新年の夜中の3時半にそのようなメールを取り消す
彼の気持ちを、とにかく中身とはまったく関係なく私は思いやる。

　その老紳士はきっと今日のうちにも、オバマは連続殺人犯でヒ

ラリー・クリントンは狂人だと書いてくることだろう、もし私の
メール交換の条件は、彼が使ったあの低俗な用語を控えることだ
と、あらかじめ彼に伝えておかなかったならば（例えば彼はメル
ケル首相を口汚く侮辱していた）。それに対して彼は、私が彼の
メールのトーンについてだけ書き、当の論証について全然同意し
ていないのはほんとに残念だと書いてきた。

　するとそのとき私は机の前に座って肩をすくめ、無力の感情に
支配される。しかしメールの書き手たちにとって重要なのは、ま
さにこの感情を抱かせることなのかもしれない？　書き手たちの
人生における非力感、無力感がとてもつよいので、それを無条件
に他者へ回さないではいられないのかもしれない、この感情を呼
び起こす相手がたとえまったくの赤の他人であっても？　こうし
て他者に無力感を抱かせることによって一度パワーを感じること
は、たしかにパワーでありうると同時に自分が抱えている不安に
対する治療薬でもあるのだから。

　もちろん人は返事を書くというこの仕事を省いてもいいのだろ
うが、なぜか私は、人は他者と自分自身のためにわかりやすくそ
して冷静に自分の姿勢を明らかにする機会を逃すべきではない、
とくり返し思う。

　それが適切で、誠意あることだ。

　「これは奇妙なことではないか？」と私は友人に言う。「われ
われは今日、かつてないほど多くの自由を与える世界の中のヨ
ーロッパに暮らしている。思いのままに他の人と一緒に暮らす
ことができ、同性愛ということで何らかの耐え難さを覚悟する
必要もなく、どこへでも行きたいところへ旅行することもでき
る。気の向くままに読書もできるし、外見をさまざまな仕方で

装うこともでき、選挙することも、選挙に対する態度を決める
こともできる。われわれの音楽、文学、芸術もかつてないほど
多様なものになった。こんな時代になってほとんど規則を強要
されることがないいま、自分自身に指示を与える人がとても多
い」

「厳密には何について考えているの？」と友人は尋ねる。

「例えば先ほど話題にした食事のことを考えている。一例を挙
げれば昔は教会が何をいつ食べていいか、断食の期間や祝日を
規制していた。今日ではこれを行うのはほとんど一人ひとりで、
時にはとても厳格だ」

「陳腐な話だけど」と友人。「大学で学ぶために数十年前に郷
里の小さな町から大都会ミュンヘンへ引っ越したとき、僕の前
には途方もなく大きな自由があった。でもこの自由によって何
を始めたらいいか、正直なところわからなかった。この自由が
僕を不安にさせた、なにしろまったく自分だけが頼りだったか
らね。ここに知り合いは誰もいなくて、大学では何千人のうち
の一人にすぎず、大学での勉学をやり遂げられるかどうかも、
勉学が何らかの職業に結びつくかもわからなかった。ここには
ガールフレンドも友だちもいないし、誰かと知り合うことも至
難のわざ、とにかく**僕には**難しいことだった。僕はどうしたか？
何らかの確実性がほしくて、毎朝3個のゼンメル〔小型の丸い
白パン。ドイツ人が朝食に食べる定番のパン〕を朝食として食べ
ることにした、3個以上でも以下でもなく、非常に空腹なときも
ほんの少し空腹なときも、毎朝3個のゼンメルを。こんな話を
するのはきまりの悪いことだけど、このささやかな食事のしき
たりは、何とかして克服しなければならなかった人生の不確実
性に対して僕が出した答えの一つだったんだ」

私が何か言おうとすると、彼は遮る。

「というのは、さらに妙なことがあるんだよ」と彼。「娘が2
年前にベルリンへ引っ越したんだ。彼女は大学の正規学生とし
ての席を待つ必要があって、いまあらゆる可能な実習を受けて、
大学での勉学に向けて準備をしている〔ドイツでは従来はギムナ
ジウム——主として大学進学希望者が入る9年制の中・高等学校
——の卒業試験アビトゥーアに合格すると大学入学資格が得られ、希
望する大学に入学できたが、近年その希望者の増加に伴い、大学の学
生収容能力を超えるところが出てきて、それに対処するために入学制
限制度を導入せざるをえない学部や学科では入学を待たなければなら
ない場合もある〕。これは多くの可能性はあるが、何といっても
不安や不確実性を伴った状態だ。そこで何が起こったか？　彼
女はベジタリアンになって、といってもそれほど厳格ではない
が、僕ら親を納得させようともしない。しかし彼女は自分の人
生のために新たなルールをデザインしたんだ。もし僕がいま、
それは不確実性ばかりのなかで何とかして食事のルールによる
拠りどころをもとうとしてるんだね、と言おうものなら、彼女
はおそらくきっぱりとはねつけるだろう。菜食主義のための論
拠を、個人的にも戦術としてもたくさんもっていて、その中に
は正しいものもいっぱい含まれているだろう。でもそういった
論拠がすぐれていて多くの人に当てはまるからといって、わが
娘にも精神的によい影響を与えると言えるのかどうか？」

「そういうことなら、また君の問題に戻ったね」と私。

「君はどう思う？」

「そうだね」と私。「人生の複雑さを理解するには、世界の諸
問題を個人的なレベルで解決できないという認識も必要なのか
もしれないね。人はコントロールするという**感覚**は手に入れら
れるかもしれないが、コントロールそのものは手に入れられな
い」

「誰がいったいそんなふざけたことを考えているんだ？」と友人。「世界の諸問題を個人的なレベルで解決するなんて……そんなことが信じられるのは愚か者だけだろう。僕はいろいろな問題がさらに悪化することに加担したくないだけだよ」

「それはいいことだと僕も思う。でも、例えば自然食品のマーケットで買物して後はただお勘定ばかりというときに、生きる喜びを失ったように見える人びとを時おり見かけるよ」

「お勘定に対しては何も異論はない」

「うん、もちろんない。ちなみに、他の人びととのつき合いについて言えば、それは興味深い点だと思う。そこにはアンビヴァレントな状態があって、瞬間的に神経をいらいらさせる人たちがいる一方で、秩序正しくないことと折り合おうとしない人たちもいる。それはそれでいいことだ！」

「僕の世界救済プランには」と友人は言ってビールをぐいと一口飲む、「いずれにせよ、ある種の生きる喜びの救済も欠かせない」

この点に関しては、社会心理学者エルンスト・ディーター・ランターマン〔1945年〜。ドイツの心理学者〕による非常に興味深い著書『ラディカルになってしまった社会』〔*Die radikalisierte Gesellschaft*, 2016年。副題は「狂信の論理について」〕がある。著者は、この本が問題としている「見通し可能性、確実性、制御可能性、安全性への基本的欲求」から取りかかる。現代は以前に比べてこの欲求に大幅に応えられなくなっているのだろうが、それでもわれわれはこの欲求を抱いてグローバル化やデジタル化に携わるだろう。彼は書いている、「もしこれらの欲求が長期にわたって満たされないと、人びとは自分の生活状況における不確実性を、自尊心およ

び自己の価値を認める感情への重大な脅威として受け取る。このとき、このつらい経験にそれ以上さらされまいとして彼らは独自の確実性と安全性をつくり出す」

　そういうものはあるのだろうか？

　このように見ると、他国の人を憎悪する人、厳格なベジタリアンやビーガン〔完全な菜食主義者〕、万歩計を装備して体調をベストに保つ人、ラディカルな動物愛護者、これらの人びとには共通点がある。つまり、彼らは独自の確実性、正誤への明確な視点、どちらの側に立つべきかについての厳密な知識、そういったものを伴った独自の世界をつくり出す。一般的な現実をあまり見通せず制御できない人は、この現実の中で問われることも、言うべきこともなく、大なり小なり生活の急な変化についていけない名もない人間と感じて、独自の現実をつくる。なぜなら、自分のことを完全に無意味だと感じることに我慢できないからだ。

　「だけどそれは新しいことではない」と友人。「人間は、そこの事情に精通し、そこで何らかの良い印象を与えられるような場所で生きたいと思うものだ、鉄道模型クラブの記録係であっても。おそらくドイツのクラブ組織〔ドイツの場合、学校単位で行うクラブ活動はほとんど皆無に等しく、余暇活動として大きなウェートを占めるスポーツについても、居住地域にあるスポーツクラブが中心的役割を果たしている〕の大半は、人間にこの憧れがあるから成り立っているのだろう」

　「そうだね、でもその点が問題じゃないんだ」と私。「思うに……」

　「それでも君は他国の人を憎悪する人たちとベジタリアンを一つの鍋の中で一緒くたにすることはできないよ。ベジタリアン

に何か反感をもっているのか？」

「反感など全然ないし、厳密にはその点が問題じゃないんだ。誰かがベジタリアンになったりビーガンになったりすることは十分に理解できる。だって、そういう人はわれわれのところでよくある、動物の大量飼育という不快な形にまったく耐えられないのだから。それは、そういう考え方をもっている人がこの問題に関して他の良識的な姿勢もあるということを認めるのであれば、とても誠意のある姿勢だよ。例えば、動物たちは種属にふさわしい、適切な、道理にかなった仕方で飼われることもできるし、もしそのように事がうまく運べば、動物を食べることだって許されるという意見は可能だよ」

「まったく同感だ」と友人。

「しかし、先ほど触れた本の中で何より問題なのは、もはや他の立場を受け入れられない人びとがかなりいるという点だ。なぜ多くの人びとがそのようにラディカルになるのか、そしてわれわれの共生にとってそのことが何を意味するのか、この問いが大切なのだ」

それというのも、ほとんどすべてのインターネットフォーラムや今日的な問題を扱っている多くのオンライン記事には、自分の信念に従って他者を非難し、他者との交流にまったく関心がないという姿勢が見られるが、この独りよがりで説教がましいトーンが、次のような事態に関係していることは**間違いない**からだ。つまり、多くの人びとが、明らかに他者もそれなりの見方で少々正しいことを述べ、真理の発見にも貢献できると考えることに耐えられなくなっているだけでなく、そういう人びとの中には、かつてもっていた何かを学ぼうとする好奇心や志をいとも簡単に無く

してしまった人が少なくないからである。

　この多くの人びとの自己ラディカル化、すなわち、他国のものやなじみのないものに対する憎悪への逃避、最終的には世界の救済策としてそれしかないという食物摂取方法への逃避、完全な自信へと導いてくれる良好な体調という妄想への逃避、各人が何がなんでも守らなければならない正確な言語法則という妄想への逃避、これらはすべて、極めて不安定な時代において確実性と自尊心を求めるつよい気持ちの表現なのだ。結局それは狂信に、他なるものや新しいものを受けつけようとしない姿勢に、さらには他者との論争を拒んでしまう姿勢に通じる（そしてもちろんすでに通じているのである）。

　この著書において社会心理学者のランターマンは、多面性をもった急激な社会的変化が、われわれ一人ひとりの人生における生の確実性を破壊したという点から出発している。現代社会もまた、常に変化する諸条件への高度な柔軟性と素早い適応を必要としているので、もはや生の確実性をもつ余裕はまったくないのだろう。「不確かさと不安定さは、それを認めようが認めまいが、われわれ全員の基本的経験となったのである」と。

　すでに述べた通り、多くの人びとはこのことをまったく良いことと見なし、自ら挑戦されていると感じ、新たに獲得した自由を楽しみ、リスクを冒す覚悟をしている。ランターマンは、しかし看過してはならないのは「この社会的発展で得をするために誰もが同じ手段と資金を自由に使えるわけではないということだ」と述べている。セイフティーネットやダブルスタンダードのない生活は、多くの人びとにとって不安であり、荷が重すぎる。彼らは自分たちのことを、ランターマンの言葉によると、「不安で、無力な、方向を見失った、非力な、見放された者」と感じるのであり、これは人格全体に関わる強烈な感情である。というのは、こ

こで重要なのは、まずは人間的な基本的欲求といえる確実性への欲求であり、次に各人がもっている自分の価値を肯定的に認める感覚なのだから。

「肯定的な自尊心への願望、自分の価値を高く評価したいという願望は、人間の本性に根差した必須の基本的欲求にほかならない。自己抹殺という犠牲を払ってしかそれをおろそかにすることは許されない」とランターマンは言う。

　帰結するところは、すでに述べたように自分にとっての拠りどころを求めることだ。明白な真実と完結した体系をもち、どんな疑念をも排除した狂信的な考え方はいずれの場合も拠りどころになりうる。その考え方が揺るがされなければのことだが。だから、それはインターネットでよく見られる非常に定言的なトーンなのかもしれない。自分にとっての真実を揺るがす可能性のあるものはすべて、この真実だけでなく狂信者の世界像全体および完全な自信をも脅かすので、多くの人びとは危険と脅威のどんな小さな徴候に対しても頑（かたくな）な警戒心をしだいに増大させていく。ランターマンは、「彼らは至るところで敵を察知し、どの発言の中にも、自分たちが軽視され、拒絶されている証を見て取る」と書いている。

　このような人たちが自己中心的になるのも不思議ではなく、彼らも、しっかりと定義されたグループの一員であることにまた自信を取り戻す。このグループに所属していない人は、このグループを脅かし、このグループにとって真実とみなされることに耳を貸そうとしないので敵視される。そのときはからずも誠意、正義、連帯といった価値は、わずかに志を同じくしている人たちの間だけで認められる。「体調を良好に保つために何でもし、この目的のためにかなりのことを犠牲にする覚悟のある健康管理に熱心な人や狂信的なビーガンが、生涯にわたって何のスポーツもせず、最悪の食事を摂ってきた病人たちになぜ同情すべきなのか？」と

ランターマン。そして、「難民、他国の人および庇護を求めている人といった、これらの招かれざる侵入者たちが、たとえ確かにドイツ民族の墓守にうってつけだとしても、社会のエリートや『善き人たち』によって機嫌まで取ってもらい、連帯や承認の言葉までかけてもらっているときに、他国の人を憎悪する人びととがそれらの招かれざる人びとに対する援助も連帯も一切拒んでしまうことは、道徳的な義務に等しいと言えるのではないか？」と。

　　　　　　　——

　「この、関係を断つとか耳を貸さないとか、常に新たなグループ作りをするといったことに僕は魅力を感じる」と友人。「人間は実際に小さなグループのために作られているように思える。まさしく小さなグループをくり返し求めている」
　「ジェンダー論争を取り上げよう」と私。「実に性的アイデンティティに関する問題ほど人間たちに切実なものはないし、このアイデンティティに疑問を投げかけることほど多くの人びとを不安にさせるものはないのだから。多分同性愛者への憎悪は、自分もそうだが、断じてそれを認めようとしない男たちにとっては最大だろうね」
　「どうしていまそんなことを思いついたんだ？」
　「わが国でジェンダーというテーマが討論される際のこの緊迫感に関心があるからだよ。一方の人たちにとっては、男性でも女性でもありたくないあの人たちのためのトイレがあってはいけないのかどうか、という質問をもち出すことはまったく愚かなことだし、それは時おりばかげた仕方で彼らを怒らせる。他方の人たちにとっては、それはまさに極めて重要なことだ。そして何が起こるかというと、グループ作り、排除、攻撃的態度。ジェンダー・シーンの語彙表を、もしそれを理解したければ、

まるで外国語のように学ぶ必要があるんだ、sier, hen あるいは per のような無性の代名詞、アステリスク、スラッシュそしてアンダーライン、der/die/das〔ドイツ語の名詞には男性、女性、中性という三つの性があり、格も1格〜4格あり、1格は主語を表す。der/die/das は、単数男性名詞1格／同女性名詞／同中性名詞に付ける定冠詞である〕は ecs に取って代られ、Leser も Leserin〔女性読者、の意。ドイツ語では、身分、職業、国籍等を表す名詞は男性しか表せないので、男性読者を表す Leser に女性化語尾‐in を付けて作られている女性名詞〕も存在しなくて、存在するのはわずか Lesecs だけ……

「ツァイトマガジン」誌〔Zeitmagazin〕でベルリンの作家パッツィ・ラムール・ララブ〔ジェンダー研究者、活動家〕について読んだ。彼女はある書物の中で、ベルリンのフンボルト大学〔この大学は、ドイツで最も早くジェンダー研究に着手した大学の一つである〕で行われたジェンダー・セミナーが、輪になって代名詞を言うことで始まる様子を描写している。各人が言う、『er〔彼〕あるいは sie〔彼女〕は、sie あるいは er あるいはむしろ中性で呼びかけられたいかどうか』と。その後一人の男子学生が、Sie を希望した人に誤って Er と呼びかけてしまう。彼は、この後数回にわたってセミナーから締め出されてしまい、みんなが読み返せるように Google ドキュメントの中で自分の違反行為を『反省』しないといけないんだ」

「全部すでにあったことだ」と友人。「かつては公開の自己批判と呼ばれていた」

「しかし一人の人間を絶望へ追い込むこともありうるね」と私。「なぜこのようなことがこれほど深刻でなければならないのだろうか?」

　現代におけるウソの問題にしばらくの間取り組むことにしよう。
　いうまでもなく人間がそれほど理性的な存在ではないということをいま確かに見た。逆に、そういう存在としての人間を時としてわれわれは大いに好むのだが。人間は遺伝的な素質をまさに信じられないほど超えて成長した群棲動物である。作家で映画監督でもあるアレクサンダー・クルーゲ〔1932年〜。ニュー・ジャーマン・シネマを代表する一人、また文筆活動にも積極的〕は、「感情のアンチリアリズム」および「人間におけるアンチリアリズム的衝動」について語った。このことは、**ホモ・エコノミクス**および人間の行動を導く理性への信仰が、現実にあまり合っていないことを非常に的確に表している。「人間は自分の横隔膜に、自分の心臓に固定されている」、すなわち、「頭脳ではない」諸器官に固定されている、とクルーゲは言った。「それらの諸器官は、一つの不都合な現実を受け入れることよりも、むしろ一つの現実を歪曲することを好むだろう」。アメリカ第一主義〔*Make America great again*〕の信奉者たち、ブレグジットの支持者たち、ル・ペン、オルバン・ヴィクトル〔1963年〜。ハンガリー首相。過激な民族主義者で、EU加盟国の中でも移民、難民に対して最も強硬な政府指導者として知られる〕、セオドア・ジョン・カジンスキー〔1942年〜。アメリカの数学者、テロリスト。アナーキズムに関する著作もある〕の取り巻き連中、彼らを一つにしているのは、失われてしまった確実性への憧れだ。しかもその憧れを現に引き合いに出し、またかつて引き合いに出していた、トランプ、ナイジェル・ファラージ〔1964年〜。イギリスの政治家。欧州懐疑主義運動のパイオニア的存在〕、ボリス・ジョンソン〔1964年〜。イギリスの政治家〕の取り巻き連中も含めて全員が完全にウソつきだという点では、まずもって変わりはない。

一方で、インターネットは、1938年にサイエンス・フィクション作家 H・G・ウェルズ〔1866～1946年。イギリスの作家。「SFの父」と呼ばれる〕が著書『世界の頭脳』〔*World Brain*, 1938年、日本語版は1987年〕において夢見ていたあの世界頭脳のイメージに極めて近い。インターネットは、すでに知られた事実すべてへの入口にわれわれを導いてくれる。しかし、インターネットに結びついているのがウソの時代の幕開け、それも極めて不遜な、極めて恥知らずな、極めて効果的な、としか言いようのないウソの時代の幕開けだということも同時にまったく明らかである。ウソは知識と同じく猛スピードで広まるが、真実以上に図々しく、それどころか最大級のウソつきたちの目標はまさしく、人びとに時おり真実さえウソに見えるくらいに多くのウソを、それもためらわずにつくことである。というのも、要するに彼らには事実とでっちあげとの区別がもはやつけられないのだから。

　例えばボリス・ジョンソンは、なかでも、イギリスは毎週3億5000万ポンドを EU に振り込む（これはまだ控え目に言われている）のだという主張を図々しくくり返してブレグジットを達成しようとしたウソつきで、本当は1億1000万ポンドですらなかった。見事なやり方で真実を紛糾させ、ぼかし、隠蔽することを成功の原理とするウラジーミル・プーチン〔1952年～〕は、まさしくウソの達人だ。2014年にドーピング問題に関して彼の秘密情報機関はロシアのスポーツ選手たちを支援し、とりわけ2017年に彼は、「サッカーは、諸国家、諸大陸を一つにまとめ、フェアプレーのような価値を世界にもたらすはずだ」と述べてサンクトペテルブルグ〔ロシアの西部の都市で、レニングラード州の中心〕でのコンフェデレーションズカップ〔国際サッカー連盟が主催したナショナルチームによるサッカーの国際大会。2017年大会で終了〕を開会した。ドナルド・トランプには、いつ自分がウソをついてい

るのかおそらく自分でもわからないほど、真実なんてどうでもよいのだ。

ニュースの信頼性を査定するポータル〔ポータルサイトは、インターネット上にあるさまざまなページの玄関口となる巨大な Web サイト〕の一つ *snopes.com* の創設者の一人デイヴィッド・ミッケルソンは、**ポスト真実時代**〔post-truth-age、ポスト真実とは客観的事実より感情的な訴えかけの方が世論形成に大きく影響する状況とされる〕について論議することができるかどうか確信はないと、「ガーディアン」紙〔*The Guardian*、イギリスの高級新聞。伝統的にリベラル〕に語った。「しかし水門は開かれた、そしてすべては貫流している。ばかげた言葉はポンプで汲むよりも速くやって来る」

はからずもいま、考えられるあらゆる厚かましさでウソがこのような成果を上げられるのはどうしてなのか?

それは人間がいつも真実に関心をもつとは限らないことと関係があるに違いない。

なぜ限らないのか?

人間にとって時には何か別のことの方が大事だからだ。

それは何か?

人間に世界のことを説明し、世界をより単純にわかりやすくして、人間に方向感覚、すなわち一つの意味を示してくれるような物語への太古からの人間の憧れ。

この欲求にとって現実は時としてあまりにも複雑で厄介すぎる。だから状況が困難になればなるほど、単純に編まれたものへの、解決策を知っているリーダーへの、我輩は‐汝らの‐ために‐確かに‐それを‐する術を備えた世界説明者への欲求はますます大きくなる。その彼がウソをついているのかどうか? そんなことを誰一人問わない。重要なのは事実ではなくて感情だ。そしてこれらの感情は、それに合致しないどんな現実もどんな真実も

受け入れないほどにつよい。

　すでに引用したことのあるユヴァル・ハラリは、『サピエンス全史』の中で、人間の結束にとってさまざまな物語がどのような役割を演じているかを、そして、この目的にとってはそれらが正しいか誤っているかはまったく関係がないことを非常に論理的に説明した。例えば、カトリック教会は世界規模の組織であり、それは神への信仰に基づいている。しかし神が現実に存在するかどうかは誰も知らない。決定的なのは、その存在に関する共有信念だけだ。

　ハラリは、あの150人という魔法の限界値を超えるようなかなり大きなグループにおいても、どのようにして人類が協力することに成功したかを描写している。ハラリは次のように書いている、「原始的な部族から始まり、古代の都市を経て、中世の教会あるいは近代国家に至る人間の大規模な企てはすべて、人間の頭脳の中にのみ存在する共通の物語にしっかりと根付いている」。このことは「神々、国家、金銭、人権そして法律……」にも当てはまることで、「それらはわれわれに共通の想像の世界にのみ存在する」。それが可能であるのは、他のあらゆる生き物と違って人間が、これらの事柄について自ら物語る言葉を、いやそれどころか、これらの事柄を考え出すことができる言葉を自由に使えるからなのである。

　このことは、さしあたりここでの文脈には少しこじつけのように聞こえるかもしれない。

　しかしそうではない。

　つまり、それは、誠意のようなある価値の共有信念がわれわれにとってどんな意味をもっているかをも示している。というのも、人間の共同体は元来このような信念に基づいて初めて確立されるからであり、われわれが望む類の社会は、何を正しいと見なすか

をわれわれが知るときにのみ形づくることができるのである。

〜

「それだけでなく何か別のことも」と友人は言う、「このポピュリズムは同時に誘発するね」

「それはどういうこと？」

「例えばエルドアンだけど」と彼、「憲法改正に関する国民投票前の論争が白熱したとき、彼はナチのなにがしかの奸策のことでドイツを咎め、オランダの人びとが彼の国〔トルコ〕の女性大臣一人を退去させたことに対する報復を誓った。トルコの人びとは激怒し、先祖返りの源に立ち返って、この野郎、オランダ人に一発お見舞いせねば！と考えた。そんなことをすべきではないし、同様の手段で応えることが無意味だとわかっているにもかかわらず」

「それにしてもいろいろ本当に愉快だったね」と私。

「トルコで彼らはオランダの国旗と混同してフランスの国旗を燃やした。どちらも青―白―赤で、一方は縦縞、もう一方は横縞だから。そしてイスタンブールで行われた反オランダデモの際には当時のフランス大統領オランド〔Hollande〕の写真をもち運んでいた。彼らはおそらくグーグルで『Holland〔オランダ〕』と検索し、その際 Hollande に行き当たったんだろう。さもなければ、その写真をもって彼らが何を願ったのか、説明のしようがない」

「ユーモアはとても洗練された反応だよ」と友人、「でもわれわれの奥深くには未開のものが巣くっている」

「それがとても奥深いものなのかどうか、まったくわからない」と私、「文明の薄っぺらな見せかけについての古い言葉を忘れるな。その文明の薄っぺらな見せかけは、周知の通りこの時代

には壊れてしまったね」〔文明のめっきが剥げて悪い中身が暴露すること〕。

「人間は」と友人、「時として何か非常に原始的なものをもっていて、それはサッカーの試合のときにも見られるし、政治においてもそうだね」

「それは確かに正しい」と私、「でもサッカーは儀式のようなもので、サッカー場に制限され、スタジアム内に限定されることだ。サッカーは、われわれのうちに深く潜み、常に潜んでいるだろうものを示し、もしかしたらそれがどういうものかがわかる可能性も与えてくれる。サッカーは人類がそのことをとてつもなく成し遂げたことの証なのだ。敵対するクラブのファンだから、互いにあまり好きとはいえない数万人の人びとが、つまり、敵意に満ちた人びとのうちの数万人が、まあたいていは後で死者を出すこともなく一つのスタジアム内で出会うことができる。これは、われわれの出自について考えれば素晴らしいことだ。同時にスポーツは、人間が種々の感情、本能、基本的欲求から逃れられないということを忘れないことにも役立つね」

「君はこの本の初めでまったく逆の例をいくつか挙げていたんじゃないか」と友人。

「そうだね、まさしく何かが変わり始めているからだよ。多くのことがより粗野に、より粗暴になってきている。本来サッカーはもっと良いものだっただろう」

「別の例を挙げてよ」と友人。

「何か日常的なことにしよう」と私。「君は車に乗っていて、駐車スペースをかなり長い間探した末に一か所見つける。すると別の誰かが最後の瞬間に君からそれを取り上げてしまう。次に起こるのは、動物の間で起こるような縄張り争いだ。君は選択を迫られる、争いに手を出して、自分の縄張りに別の1頭が

侵入してきたときに野生の雄イノシシが見せるような振る舞い
をするか、それとも、そんなレベルの生き方はしたくないと心
に決め立ち去るか。こんなことはいま現にしょっちゅう起こっ
ているね。以前僕は田舎に小さな家をもっていた。しばしばペ
ンション客たちが訪れる農場のすぐ隣で、彼らに出会うと毎回、
いままでにいかに頻繁にここで休暇を過ごしたことがあるか、
いかによく農夫たちのことを知っているかをまず話して聞かせ
てくれた。純粋な縄張り行動、『ここは私の場所だ！』と彼ら
は言いたかったのだ」

「どうすべきか？」

「微笑むか、それとも、もうどれほど長い間ここに住んでいる
かを話して聞かせ、勝つよう試みるか。でも僕には本当にきつ
すぎて、それにあまりにばかげていて。**争ってはいけない**
……、というマーク・トウェインの言葉を思い出してほしい。
ちなみにちょうどクワメ・アンソニー・アッピア〔1954年〜。
イギリス−ガーナの哲学者、文化的理論家、小説家〕の『コスモポ
リタン』〔*Der Kosmopolit,* 2006年〕を読んだところなんだ。こ
の人は、ロンドンで生まれ、ガーナで成長し、ニューヨークで
教えている哲学者……」

「へぇ、そんな経歴の可能性があるなんて素晴らしいことだ
ね！」と友人は声を上げる。「そんな経歴なら、われわれには
決してできないようないろいろな体験談で得をさせてもらえる
ね！」

「アッピアは、ユヴァル・ノア・ハラリと同様に次のように書
いている」と言って、私はカバンから本をひっぱり出し、次の
ように書かれたページまでぱらぱらめくる。「われわれの祖先
は、人類史上大半の間、普通の日には『彼らが生まれてこのか
た知っている』人たちだけを見ていて、このことが、その人た

ちとのつき合いを、予測できる慣れ親しんだものにしていた。これが、とにかく数千年以上もの間、『われわれに影響を与え、われわれの本性の中に形成された』世界だった。したがって、『たとえ人びとが同一の言葉を話し、同一の法律に従い、テーブルの上に似たものを運ぶとしても、大半の人たちを知らない社会の極めて狭い空間でいかに共生するか』を学んだのは、それほど前のことではない。まさにこのことは、問題点がどこにあるかを示している。それは、とアッピアは言う、『数千年以上にわたって小さな、特定のグループ内での生活によって形成された思考や感情に、グローバルな部族——われわれはそういうものになった——内での共生に必要な理念や社会制度を覚え込ませるよう、挑戦されているということだ』。われわれの文明全体は、われわれのうちで騒いでいる遺伝的特徴や本能や無意識なあり方に常に立ち向かうことだと、人は知るのである」

「それは啓蒙の思想ではなかったか？」と友人。「理性〔ここでは、下記のカントのエッセーからの引用として、「悟性」を表すドイツ語が使われているが、本書の著者ハッケ氏には、本書全体から見て「悟性」と「理性」を明確に分ける意図はないと思われるので、よりなじみやすい「理性」と訳している〕を働かせるということは？」

「『他人の指示を仰がずに』〔カントのエッセー『啓蒙とは何か——「啓蒙とは何か」という問いに答える』〔*Beantwortung der Frage: Was ist Aufklärung?*, 1784年からの言葉〕とカントは書いていたと思う。しかし理性を働かせるということには多分、人間が感情的存在であり、その理性を働かせるのを止めてあっさりと先祖返りの感覚、例えば、他国のものはすべて失せるべきだ、に逆戻りするような状況がありうるとの理解も含まれているのだろう。それはきっと、アレクサンダー・クルーゲが考えた、人間の決定的な諸器官は横隔膜に固定されているということな

のだろうね」

「そのときに役立つのは何だい？」と友人が尋ねる。

「いつ？」

「誰かが、他国のものはすべて失せねばならない、と叫んでいるときに」

「もちろん人は憤慨する」

「でも、**何が役に立つか？**って訊いたんだよ」

「いずれにせよ、自分自身の衝動に従うことやわめくこと、憤慨することではないだろう。敵意としか結びつかないわめき声や憤慨から、敵意以外の何が生まれるというのか？　アンネシュ・ブレイビク〔1979年〜〕がノルウェーで77人を殺害したとき〔2011年7月22日オスロとウトヤ島で起きた連続テロ事件。犯人はクリスチャン・シオニズムを支持し、イスラム教・移民・多文化主義・マルクス主義を憎悪し、移民を受け入れ援助するノルウェー政府のあり方を否定していた。彼は移民の受け入れを推進した元首相の殺害も企てていたようである〕、ノルウェーの首相ストルテンベルクは、より多くの自由、より多くのデモクラシー、より多くの連帯を、という積極的なビジョンで応じた。ドイツにAfDが現れ、ガウラントやヘッケといった極右の政治家たちが演説によって倦むことなく組織的に社会を挑発したとき、初めのうちわれわれは彼らによるどんな挑発もはねかえし、どんな純血主義のばかげた言葉にも腹を立てた。それがましになったのは、やがて社会がそれ自体の目標をはっきり認識し、フランスの「**前進**」〔En Marche、左派・右派の良い部分を集め、どちら側にもとらわれない新しい政治を目指す〕やわが国の「**ヨーロッパの鼓動**」〔Pulse of Europe、EUのアイデンティティ推進を謳う市民運動〕といった運動が現れたときだった。大切なのは、自分が本当のところ何をしたいかなのだ。人はある姿勢を手に入れ、それを習

得しなければならない。役に立つのは語ること、人を納得させる試みが役立つ。それは決して終わらない、わかるかい？　これはもしかすると自分の理性を働かせるということかもしれない、つまり、他の人がその人なりの振る舞いの理由をもっていることを理解し、これらの理由を理解しようと試みることなのだろう」

「つまり、語ること。語ることはいつも役に立つんだね？」

「いつもだよ」

　なぜ世界頭脳であるインターネットが、すなわち、なぜこの世界規模の知識の蓄積がはからずも人間を旧知の思考の隘路の中に導くことになり、その中にいることで人が他の人びとの論拠や見方から守られるような一つのシェルターになるのか、という問題にもう一度戻るなら、すでに引用したジグムント・バウマンは、われわれが住んでいる「二つの異なる世界」について語り、それらを**オフライン世界**と**オンライン世界**と名づけた。これら二つの世界の本質的な違いを説明するために彼が使ったのは、**コントロール**という概念である。彼の言葉によると、**オフライン世界**、すなわち、身体をもち共に触れ合い共存している人間の世界、会話し対話する世界、秩序があり身体的な出来事が起こる世界では、ある種のコントロールに従い、服従し、順応し、自分の持ち場、役割「そして義務と権利との関係について確認することが各人に求められる――これらのことは、排除または追放という、明白な、あるいは予想される制裁によって見張られている」。日常的な世界のこの活動範囲内でわれわれが突如直面するのは予期せぬ出会いであり、われわれが相手にしているのは、複雑で解けないかもしれない問題や長引く交渉、コントロールが容易ではなく、場合

によっては手に余るかもしれない問題なのだ。

　オンラインではそのすべてが異なる。「**私はオフライン世界の
ものである**のに対して、オンライン世界は**私のものである**」とバ
ウマンは書いている、なぜなら、「オンラインでは、私は諸事情
の主人であり、目標を予め設定し、従順なものに報い、反抗的な
ものを罰し、追放と排除という恐れを抱かせる武器を手にしてい
る主人であるという感情をもち」、さらに、「もし私がオフライン
世界からオンライン世界へ移動する場合には、私の意志にぴった
り合った、そして喜んで私の願いに理解を示してくれる世界に入
るという感情をもつ」からである。

　というのも、**オンライン**では私がそうしたいなら、同じ考えを
もつ人びとの共同体の中で行動することが完全に可能なのだか
ら。私は、自分に届くニュースの流れを、自分の世界像に合わな
い情報が最初から除去されるように整理することができる。ある
人を罵倒し、それから彼をクリックして遠ざければ、彼の反応が
私のところに押しかけてくることはもう二度とない。解決できな
いことや腹立たしいことすべてを自分の視野から遠ざけ、この領
域内の生活を快適なゾーンに仕立てることができる。そこには、
世界の煩わしい複雑さや、世界をまったく見通せないことや混乱
はもはや一切存在しない。ここにはもはや困難なことはないのだ。

　しかしもし困難なことが消え、これを再度**ウソ**というテーマで
考えるなら、真実ももはやない。真実は、とりわけわれわれの複
雑で見通しのつかない世界においてはいつも複合的で、しばしば
アンビヴァレントな上に不明瞭で、見つけだすのが困難であるか
ら。真実とつき合うことは容易ではないので、真実は不快である
かもしれない。その不快さを人間は当然ながら避けようと試みる、
多分本能的に。

ちなみにいま、真実とのこの種のつき合い方をする傾向にあるのが、単純で、経済的に完全に疎外されている同胞だけではないことをただちに認めようではないか？

　彼らだけではなくわれわれすべてがそうなのだ。

　多くの場合誰でも自分たちの世界像に合わない事実をとても嫌々でしか受け入れられない、このことは非常に人間的でそう悪いことでもない。

　人は、ただそのことを知るだけは知った上でやむをえず認める程度には誠意をもつべきだろう。

　みんなが知っている例を一つ。2015年から16年にかけての大晦日の夜にケルン大聖堂前広場で起こった事件〔ドイツでは2015年大晦日夜にハンブルクほか北ドイツ地域、およびケルン中央駅と大聖堂前広場などで、アラブ人や北アフリカ人を主体とした約千名による3件の強姦を含む集団強盗・性的暴行事件が発生した〕は、かなりの人びとの見方と（ちなみにこの時点における私自身の見方とも）あまりにかけ離れていたので、オクトーバーフェスト〔9月末から10月初めにかけてミュンヘンで催されるビール祭〕の際に男性が淫らに女性に触る行為——あたかもそれが何かを変えるかのように、そこではよく見かけられる——と比較することで、即座にその事件の矮小化が図られた。警察が1年後、このスキャンダラスな事件の再発を予防するために特にケルンにいる北アフリカ人たちに目を付けたとき、すぐに問題になったのが**人種的分析**〔犯罪捜査に際して、容疑者像の絞り込みに人種的要素を加味すること〕、つまり人種差別的な警察の仕事であった。しかしこれに非難の声を上げた人たちも、とにかく昨年の犯人たちにどことなく似ている人たちをあまりコントロールしすぎてはいけないとすれば、いったいそれ以外に警察の仕事はどのようなものであるべきか、という問いには誰も答えることができなかった。そしてケルン警察（これ

を擁護しすぎてはいけない、なぜなら、中央駅周辺のケルン警察の仕事は当時、治安当局の輝かしい業績にふさわしいものとは言えなかったので）が「北アフリカ人による集団的犯罪の犯人たち〔nordafrikanische Intensivtäter〕」に対して *Nafris*〔前記の犯人たちを表すドイツ語の略に英語で一般的な複数形を表す ‑s を付けたものと思われる〕という表現を用いたとき、どうやらそのことの方が多くの人びとには、大聖堂前広場で実際に起こった事件以上に大きなスキャンダルと映ったようだ。

　ジャーナリストで作家のヴェレーナ・フリーデリケ・ハーゼルは、そのとき起きていることを、「ツァイト」紙上で一度「フェイクニュースの左派的バリエーション」と呼んだ。「実際に」と彼女は書いた、「私が住む、大都市風の特色をもつ教養ある市民環境においては、左派的リベラルの視点がずっと前から人間性の唯一の真の形態とみなされている」。人びとは時として道徳的に高い足場に立って自分たちの世界像を乱すものを狩ることによって精神的に快適なゾーンをつくり出す。かねてより、政治的な正しさに誠意が欠けてしまうことは、認識上の得とは無関係だが、正しい側に立つという良い感覚を手に入れることとは不可分の確かな教えであった。

　ここで取り組んでいるのは、難民政策、移住、グローバル化ではなく、誠意という概念およびわれわれの社会的共生の問題である。これらの問題に関して必要なのは、グローバル化を歓迎する人は、次のことを忘れてはならないということである。何といっても懐具合が悪くないというだけでもう、そういう人びとはたいてい大らかさで得をするが、他の人びとはその点でどうしても多くの問題を抱えてしまう可能性があるということだ。大して良い教育を受けていないというだけで、そういう人びとは勤め先が問題になる場合には突如として極めて多くの競争にさらされる。高

価なマンションを買う余裕のない人にとっては、有利な住まいを見つけることはさらに難しくなる。子どもたちをより良い地区の学校へ送り込めなければ、それだけでもう、実際そういう人びとの目に突然とび込んでくるのは、ドイツ語を話す少数グループとして校庭にいる子どもたちの姿である。そこで行われているのは、好ましく思えるような思いやりのある良い教育ではない。

このすべてを否定する人はおそらく、わが国の他の階層の生活について何も知らないあのエリートたちの一部と見なされても不思議はないだろう。

まさにその通りと言えよう。

ロンドンのジャーナリスト、デイヴィッド・グッドハート〔1956年～〕は2017年、著書『「どこかで」への道』〔*The Road to Somewhere*〕において、イギリス社会における「どこへでも、の人びと」〔Anywheres〕と「どこかで、の人びと」〔Somewheres〕を区別した。すなわち、一方の人びとは流動的、都会的、自由であり、他方の人びとは一定の場所にそのルーツをもっている。そしてデイヴィッドは、あるインタビューで語ったように、彼自身のグループ（というのは、彼自身は完全に「どこへでも、の人びと」に属しているので）が「どこかで、の人びと」をあっさりと忘れてしまい、「大規模な移住をあまりに熱狂的に、そしてそれにまつわる諸問題をあまりに投げやりに」扱ったことを非難した。「われわれ愚かなリベラルが、これらの恐ろしい人びと（ここで彼が考えているのは、彼の国のブレグジット信奉者と他国人敵対者：原注）を最初につくり出した。われわれは大失敗した」

だから、ある程度若くて順応性があり、数か国語が使え良い教育を受けた人、つまりグローバル化を恐れる理由が何もない人は、世界の進展が目下のところ少々速すぎると思っている人たちを笑いぐさにすることがとりわけ誠意あることなのかどうか、よく考

えてみるべきだ。後者のような人たちは持続性を切望している、なぜなら、彼らはかなり年を取っていて、経済的に必ずしも成功したとは言えないからであり、あるいはまた、毎晩『小さなニック』〔児童書のシリーズ、原著者はフランス人〕から読み聞かせをしてもらい、毎週バイオリンのレッスンに車で送ってもらえるような実家に恵まれなかったということもあるだろうし。

　ちなみに、万一わが国で種々の社会的階層の分断が、今まで以上にさらに進んでいるとしたら、それは大きな不幸だと思う。一つだけ例を挙げるなら、かつては共通の兵役義務〔ドイツには長年徴兵制があり、満18歳以上の男子に兵役義務があったが、2011年7月、正式に徴兵制の「中止」が発表され、事実上の廃止となった〕を果たさなければならなかったので、私たちギムナジウムの生徒はみんな、人生の数か月間を連邦国防軍の兵営で同年輩の数人と一緒に過ごす必要があった。共同居室で過ごした仲間は、社会的な出自や教育の程度は異なっていたが、かなりの場合それまでに知っていたギムナジウム出身の上流階級の息子たち数人よりも誠意をわきまえていた。また兵役を拒否する人には、それより長期にわたる非軍事的役務〔良心上の理由による兵役拒否者に課されていた、病院や老人ホームなどでの社会的奉仕活動〕が控えており、彼らはその役務を果たす過程において、今日ではその後できるだけ早く良い教育を受けて経済的生活を思いのままにしようと、アビトゥーア直後に階段教室へと急ぐ人たちよりも、さらに多くのことを人生について学んだのである。

　正直に言えば、もし私が連邦国防軍時代を過ごさずに済んでいたらありがたいことだっただろう。私は兵士に向いていない（ましてや割り当てられた戦車兵には全然向いていない）ので、その時期は人生で最悪と言えるものだった。しかしだからこそその時

期は、私個人にはほとんど役に立たなかったが、私の国に役立つ何かをしたという感情を成り立たせてくれる、一つの大きな経験をした時期であったとも言える。

　社会のために犠牲を払う覚悟がある場合にのみ人はその社会に属することができるという、いくらか忘れ去られてしまった思いがあるというのはどうだろうか？

　私にはまったく理解できないのだが、この国において、この世界においてわれわれが共存しているという感情が失われないようにするために、すべての人に対して非軍事的役務による代替が力づよく求められることもなく、どうして兵役義務が人知れずあっさりと中止されることが可能だったのか。

　重ねて言うが、まったく不可解だ。

　しかしそれは付随的なことにすぎない。

　ザシャ・ロボは、すでに引用した彼のスピーチの中で、インターネット上の憎悪とつき合うための戦略を立案した。その戦略は当然ながら、AfDのような一部極右的な政党に傾く人やインターネットフォーラムで極右的な意見を述べる人の誰もが同じく極右の人であるとは必ずしも言えず、そこでの移行は、人生ではよくあるように流動的であるということから出発している。それはどこかあるところで始まり、別のところで終わる。もしかするとその人を、まだ心を閉ざさず、理性のための通路があるところでつかまえることに成功するかもしれない、とロボは考えた。つまりそれをロボの言葉で表すなら、「私は、外にいる人たちを、ナチス──彼らは実際に愚か者であった──と口汚くののしったことがしょっちゅうあったように思える」、そして自分自身も愚か者だった、と。

　君自身がすでにそうだっただろう愚か者の姿を、他者の中に

見よ！

そういうことを感情移入〔自分の感情や精神を他の人や自然、芸術作品などに投射することで、それらと自分との融合を感じる意識作用〕と呼ぶんだね？

このことは次のことを意味する、人びとを必ずしも排除せず、少なくとも彼らと会話する試みをすべきだということ。もちろん情け容赦のない極右の人びととの会話ではない。そういう会話は彼らの社会的な評価を高めることになるだけだろう。そうではなくて、ロボが言ったような、「社会的発展にあまりついていけなかった」人びととの会話の試み。

まさかそんなことが起こるのか。人びとがあまりついていけないということが。

いずれにしろロボは、そこにいる人にしつこく絡んだり、他国の人を排斥するテーマや極右的なテーマを広めたりしている誰やかやに議論を求めること、そしてそのときには基本的に丁重に、常に丁重に振る舞い、要するに、慎重に次のような会話のレベルを見つけることを提案した。その会話のレベルでは、人は真に関心のある問いを立て、それらの問いを抱えている人からその考えを切り離し（すなわち、事柄に即し続け）、理解を示し、自分の弱みを引き合いに出すのだ。このことは、人が誰かを褒めもし、つまり（いまでは必ずしもロボが皮肉をもって挙げている「君のホロコースト否定における『最高の正書法〔正書法は、規範として社会で認められている単語の綴り方、またはその体系〕』」などではなく）単に誰かが何か良いことを目にすれば、それを口に出すことを褒めもし、人差し指を立てて議論することはせず、もしできるならユーモアたっぷりに、その人の言う、共感をかきたて、疑念を目覚ませる目的をもったそのすべてのことを良しとすることによって可能になる。

一言でいえば、理性を目覚めさせるために理性的に語ることと言えるだろう。

　興味深いことに、このことは古代ローマ皇帝マルクス・アウレリウス〔121～180年。五賢帝の5番目の皇帝。ストア派の哲学者として知られる〕がその名高い『自省録』〔*Selbstbetrachtungen*〕の中に書き留めていた考え方を想い起こさせる。彼はそこで「人間とのつき合いにおける好意」について説いている。ちなみに彼は必ずしも**他人**にではなく、とりわけ**自分自身**に説いており、それは著作全体が一種の自戒であるためにそう呼ばれさえしたのである。この点について、カール・ハインツ・ゲッタートは自著において、その1559年の印刷版の初版（というのもそれ以前には手書きしかなかったので）では、『自分自身に向けて』〔*An sich selbst*〕とされていたと指摘している。

　マルクス・アウレリウスは書いている、「お前の好意は、もしそれが実際に本物で、決して偽善者の微笑みにすぎないということでなければ、揺るぎのないものである。というのも、もしお前が動じることなく極めて邪悪な人間に親切で、好機をとらえて彼に優しく警告し、彼がお前に悪事を働こうと試みるまさにその瞬間に、静かにたしなめる口調で、例えば『わが息子よ、まさかわれわれは他のものになるために生まれたわけではないね、そんなことをして損をするのは、私ではなくお前自身だよ、わが息子よ！』と話しかけるとしたら、彼はお前にどんな危害を加えることができるというのか。それから慎重によく考えて、このことが本当にその通りであること、また蜂やその他の群れを成して共同生活をしている動物たちでさえそのような振る舞いをしないことを彼に示しておやり。ところでお前は嘲笑や高慢さなしに、温かい心でまったく不機嫌さなしにそれをしないといけないよ。学校

の先生のようにでもなく、さらに例えば傍観している第三者の称賛を刺激するという意図もなく、他人が傍らにいる場合でなく二人だけでひそかに」〔第11巻の9より〕。

　ああ、マルクス・アウレリウスを引用し始めたら、もう止められない！

　だからここでは同様にさらにいくつかの文章を。

「お前がある人間の無恥を不快に思うことがあれば、その都度すぐに自らに尋ねよ、この世に無恥な人間がいないということは果たしてありうるか、と。それはありえない。ならば不可能なことは何も求めるな。彼もこの世に存在せずには済まない無恥な者たちの一人なのだから。抜け目のない悪賢い連中、不誠実な連中、間違いを犯すすべての連中についても、同様にお前自身に尋ねよ。というのも、とにかくこのような連中の存在を妨げることは不可能だということがはっきりわかると同時に、彼ら一人ひとりに対してよりいっそう穏やかな気持ちにもなれるだろうから。もし自然が人間にこれらの悪い性質に対していかなる良い性質を授けたかという点にただちに気を配るなら、それもまた良いことだ。それにもかかわらず自然が、一種の解毒剤として、自分勝手な者に優しさを贈り、しかし他の者には別の抵抗力を贈るとすれば、総じて思い違いをしている者により良きことを教えられるのはお前なのだ」〔第9巻の42より〕

　さてだが次のこと、つまりある社会の中で誠意に欠ける振る舞い、それは習わしだというわけではなく常にいたるところにあるのだが、もしそれがいつも報われるとしたら、なおも誠意をわきまえるべきだと感じる人はどんどん少なくなって、いつしか「誠意の欠如」が優位に立つ。それどころか、他人の振る舞いの中に、本当は正当化できないような自分の振る舞いを正しいと見なす証

明を見いだす。この**もし彼がそうなら、私だっては**、どこで始まるのか？

　例えば、たしかに裕福とはいえず、大きな財産もないある老婦人を私は知っている。彼女はまさかの場合に備えて5000ユーロを貯めこんでいた。その金は預金口座上にあったが、ある日銀行の女性コンサルタントは、なぜ最近はもう金利も全然付かないのにそれを口座上に置いたままにしているのですか、と彼女に尋ねた。成人した時期に銀行で実際に銀行員としてではなくコンサルタントとして働いたことのある彼女は、この女性コンサルタントを実際にコンサルタントと認め、実際にこの女性の忠告に従ってある投資商品を買い、結果的にその女性には特別手当を、銀行には売却上の利益をもたらした。ただし彼女には何ももたらさなかった、というのも、その5000ユーロは2年後に2500ユーロになってしまったのだから。

　すべては合法的、まったく合法的、そしてもちろん誰もが法律の枠内で動いている限り、この社会では各人の責任は本人自身にあるという立場に立ちうる。しかしそれにもかかわらず、これが、まさに冒頭で言及した読者が書いていたことだった、すなわち、許されてはいるが、**それにもかかわらずそれをしない事柄がある**、まったく個人的な感覚からそれをしない事柄が、銀行に勤める者としてもそれをしない事柄があるということだ。

　ただし、この考え方は、銀行が今日極めて荒々しいビジネスをして、それが頓挫するやいなや銀行は倒産から守られる、とりわけ老婦人たちが税金として一生涯国家に支払ったその金で、という場合には案の定非常に珍しいものになってしまった。フォルクスワーゲン−コンツェルンのあの女性幹部のようなケースに関しても人びとに何と言えばいいのか。ドイツ連邦共和国大功労十字星大綬章の受章者であり、かつてSPDの政治家であったその女

性は、2017年にフォルクスワーゲンの幹部の座を去った。幹部のうちで彼女は「清廉潔白および正義」担当であった。彼女にはその13か月後に1250万ユーロの退職金が支払われ、早くも2019年1月1日からは生涯月額8000ユーロの年金が支払われるはずだ。同コンツェルンは、2015年コンツェルン史上最大の損失を計上せざるをえなかった〔フォルクスワーゲンは、規制よりも多くなった排出ガスの量をソフトウエアの不正で逃れていた問題が2015年に発覚し、莫大な対策費を投じざるをえない事態となった〕にもかかわらず、それ以降も依然として数百万という金額の成果報酬を役員たちに振り込んだのである。

　「ヴェルト」紙は2017年4月に、ドイツにおける指導的幹部たちの振る舞いがいかに破壊的な影響を与えているか、それは極めて明白なことだと報じた。同紙は次のように書いた、誰もまともには信じられないだろうが、例えばフォルクスワーゲンやドイツ銀行のトップがいる階では、自社の社員たちの欺瞞について何も知られていなかった。その結果、さてそれが本当かどうかは別にして、多くの仕事仲間のあいだでは、上のあの階では倫理的な原理についてあまり厳密に考えられていないという印象が生じ、そのために「公私混同した資金で自分自身のためにも利益を手にする用意が大いにある」ということなのである。

　同紙は次のように報じている、イプソス研究所〔フランスにあり、グローバルな市場調査や世論調査を行っている〕が行ったあるアンケート結果は、ドイツ人にとって「まさしく惨憺たるものである」と。すなわち、41か国の4100の企業のうち、ドイツで質問を受けた会社員の10パーセントは、眉ひとつ動かさず当局を欺く用意があると答え、それ以上だったのは、アイルランドやスロバキアの会社員のみであった。そして同じくドイツの10パーセントの会社員は自らの利益のために自社の経営陣をも欺くだろうと答えた

ということである。

　人は、欲望に応えるときに何をするか知らねばならない。

———

　「ところで君はいま例えば」と友人が尋ねる、「多くのモロッコ人や他の北アフリカ人たちに何が言えるか。彼らは長くは留まれないだろうが、この時期は、種々の小さな罪を犯すのに都合がよく、しかも実に有効に使えると知って計算してわが国にやって来るのだが、彼らに向かって何が言えるか？　彼らは逃げない、なぜなら拷問具で脅されたわけではなく、彼らの人生に何の展望もないことから逃げているのだから。しかしここわが国で彼らは盗みをし、往来で女性たちを困らせ、誠意ある人生のルールすべてに違反している。それどころか彼らの振る舞いは、一般的には移民に対する、また政治的には実際に迫害の犠牲者に対する反感をかきたてるために、ある種の政治家たちによって見事に利用されてしまうことがあるのだ」

　「彼らが誠意ある人生のルールに違反しているということは何を意味するか？」と私。「やはり彼らはまず第一に正義に、われわれの正義に違反している。この正義は貫徹されなければならない。モロッコの彼の村では誰も彼のことを必要としていないし、誰も彼がいないことに気づきもしない。そんな村から10歳のときに逃げ出し、その後数年間どこかの通りに住み、何とか暮らしていかなければならなかった一人の人間に、君は誠意というわれわれの概念をもち込もうと言うのか？」

　「もちろんだとも」と友人。「なぜ彼に適用してはいけないんだ、他のすべての人びとに適用すべきものを？」

　「もしかすると」と私。「でももしかすると、誠意がわれわれに命じているのも、われわれには解けない問題を彼がもってい

るということを、彼にはっきり伝えることなのかもしれないね」

「その点に関しては君ならとても簡単にできるんじゃないか?」

「本当に?　あるいはもしかすると人には成し遂げられない事柄があるということを認めることは、逆にあまり難しくないのかもしれないね?」

「実際に十分に試みたときにようやくなのかな?」

「でも、十分に、というのは何だろうか?　もしここに住んでいるあの人たちの学校のためにも同様に十分な金がないとしたら、どこに境目があるのかな?　だって彼らは現にそこの学校の費用も払ったんだよ」

「裕福な国でこのようなことを話題にするのは恥ずかしいことじゃないのか?」

「そうかもしれないね。しかしデュースブルク〔ドイツ西部、ノルトライン・ヴェストファーレン州の都市。ルール工業地帯の中心的都市の一つ。石炭・鉄鋼産業の衰退で「ドイツのラストベルト」と呼ばれた時期もあったが、2010年代からはヨーロッパ最大の内陸港を有するということで注目されている〕の無職の若者にとって『裕福な国』という言い回しは何を意味しているのか?　われわれは政治的な問題の近くにいる、わかっているね?　問題は金の分配、支出することとしないこと、それが民主主義国家における日常だ。誠意が命じているのは、モロッコにいる人がここの暮らしぶりを見るためにはインターネットに接続するしかないという場合に、そのような問題から逃げられないということをはっきり理解することなのだ。そしてこのことに関連して重要なのは、問題のどれ一つをとっても解決方法は決して敵意や拒否ではなく、常に関心と配慮しかないということだ」

世界の必然性を認め、ある種の複雑性に耐え、たとえそれを解決する試みが必要だとしても、どうしても解決の糸口が見いだせないとわかれば、それはそれで素晴らしいことだと私は考えるだろう、安易なほうに逃げさえしなければ。要するに私は内的矛盾の信奉者、極めて見通しのきかない世界においては、人は時として今日はこう考え、明日はああ考え、いやそれどころか同じ日にさえ論理的に矛盾しあう立場をとり、なんらかの方法でそれをうまく処理するという生き方しかできないという事実の信奉者である。

　2016年2月にザクセン州のクラウスニッツで起きた出来事を題材にした、クラウス・シェーラー〔1961年～。ドイツのテレビ・ジャーナリスト、作家〕とニコラス・ミグート〔1977年～。社会的および社会福祉政策上のテーマを専門とするフリーの映画監督〕による映画「そのバス、その暴徒そしてその村」を、私は2017年4月にテレビで見た。そこではライゼゲヌス社の乗合バス1台が、かなりの数の難民を宿泊所に運んでいた。ところがそのバスは村の中で「我々はフォルク〔民族〕だ！　家に帰れ！　失せやがれ！」とわめいている暴徒の一団に行く手を阻まれた。1台のトラクターが通りをふさぎ、バスの中の人びとは脅され、警察には過大な要求がつきつけられた。ついに一人の警官が泣いているレバノン人の少年一人をバスから引きずり出し、不穏な一団の間を通って無理やり宿泊所へ引っぱり込んだ。すべてが撮影されていたために、その直後、ひどく憤慨していた群衆は、長い逃亡生活の後やっとわずかな休息と安全を目の前にした、なかでも数人の小さな子どもたち、妊娠している一人の女性そして家族たちへのこの耐え難い攻撃の目撃者となった。

　このような、あるいはこれに似た事件はくり返し起こった。とりわけザクセン州では、暴動、騒動、暴力沙汰がフライタール、マイセン、ドレスデンで起こり、小都市ハイデナウでも同じだった。くり返し勇敢に振る舞ったこの小都市の CDU の市長ユルゲン・オーピッツは、「このような人びとになおも誠意を教えるべき方法がまったくわからない」と語った。実際にザクセン州の多くの地域では（いやそこだけに限らないが）、もはや何事にも恥じないという雰囲気が多くの人たちを支配していた。それは、政治家たちによるとんでもない侮辱的な言動にも、自分たちの粗暴さにも、暴力を伴った脅しにも、極めて無礼な人種主義にももはや恥じないという雰囲気であった。

　しかしかろうじてクラウスニッツで起こったような一つの出来事がドイツの大勢の人びとの心を揺り動かした。

　もちろん映画の中には予想していたような人びとの姿があった。自分の村を全力で守り感動している村長、警護の警官たちをかばった内務大臣、憎悪メールや放火を恐れて名前を明かそうとしなかった人びと、なだめている役人たち、関係せず店のことを考えねばならなかったと説明した飲食店主夫妻の姿が。

　人びとは、警官によってしっかりつかまれてバスから引きずり出された少年を見た。その少年は警官になるという人生の大きな目標をもっている、と語った。どうしてもそれを成し遂げたい、実現すれば、あのときその手に落ちたあの警官とぜひ知り合いになりたい、と。

　映画チームはその願いを転送した。

　その警官はまたとない出会いを断った。

　一番大切なこと、つまり、語るということはなぜこんなに難しいのか？

映画関係者によって「環境通」として紹介され、匿名であり続けることを望んだ人は言った、「まあ非常に簡単に言いますと、大転換〔1989年の、旧東ドイツにおける政治的・社会的な激変〕以降この地域は、他の多くの地域同様、ちなみに東部だけではありませんが、疲弊しています。愚か者と年寄りがここに残っています。そしてナチになるためには、要するにたった一つのこと、つまり愚かでなければならないのです」

　愚かさ、それはいつもいとも簡単に、いい加減に口にされる。
　だがこの言葉はこの関連においては何を意味しているのか？精神的な資質にそれほど恵まれていなくても、クラウスニッツのバスの前にいた暴徒が取ったような誠意を欠く振る舞いに拒否的な態度をとる人は非常に多いのではないか？
　いやそれどころか、愚かな人びとを機械的に誠意に欠けると決めつけてしまう上記のような一文の内容から当の愚かな人びとを擁護してはいけないのか？
　もしかしたらこのまま続ける前に、愚かさという概念に少しばかり取り組むべきだろうか？
　そういうわけで、愚かさに関して少々脱線を。
　こんな風に始めよう。しばらく前のことになるが、私は新聞でひげもじゃのイスラム国の信奉者二人の写真を見た。いずれにしてもすでに爆破されていたものをさらに小さく砕くために、彼らは熱心に2丁の圧縮空気ハンマーを用いてパルミラ遺跡〔シリアの首都ダマスカスの北東約230キロ、シリア砂漠の中央にあるローマ帝国時代の都市遺跡。2015年およびその後 IS により破壊された〕の廃墟に残る建物の残骸に手を加えていた。そのとき私の頭に浮かんだのは、愚かさとはこんな風に見えるものなのか！ということだった。もし愚かさのために記念碑を建てる必要があれば、この光景

全体を石に刻むべきだ。自分たちは非常に崇高な任務に携わって
いると思い込んでいる彼らは、数千年を経た文化遺跡にばかばか
しいほどの情熱を傾けて破壊的彫刻を施していた。

　しかしもちろん愚かさに記念碑は必要かという問題がある。も
し世界全体が唯一の大きな愚かさの記念碑であるほどにわれわれ
が愚かさに取り囲まれていないのなら、愚かさは日常的にうんざ
りするほどわれわれのところに居合わせてはいないのか？

　ところでここではとにかく愚かさとはいったいどういうものな
のかについてよく考えてみよう。理性の欠如？　そう、確かに、
しかしそのときにはいうまでもなくわれわれすべてについて言わ
れている。というのも、われわれのうちで最も立派な者も、その
理性がしばらくの間留守にしているあの瞬間を知っているのだか
ら。ロッテルダムのエラスムス〔1466年頃〜1536年。ルネサンス
期オランダの人文主義者。古典語学に造詣が深い〕の著書『痴愚神礼讃』
〔*Lob der Torheit*, 1511年〕によれば、ある種の愚かさがなければ、
場合によっては人間はこの世に生まれることさえないだろう。

　いや、そんなことが問題なのではない。またここでは、ロータ
ー・マテウス〔1961年〜。ドイツのサッカー選手〕や忘れ得ぬヴェ
ローナ・プース（旧姓フェルトブッシュ）〔1968年〜。ボリビア出
身。ドイツのモデル、タレント〕に関連するようなあの素朴な愚か
さ〔彼らの発言内容を指すものと思われる〕が問題なのでもない。
というのも、それはまさしく優美で明るい、そう、（それは時お
り神経を参らせるというようなものではないだろう）好感のもて
る、時としては詩的な現象でさえあるのだから。1937年にロー
ベルト・ムージル〔1880〜1942年。オーストリアの哲学的作家〕が
スピーチ「愚かさについて」〔*Über die Dummheit*〕の中で、次の
ごとく述べていたように。すなわち、もし人が愚かさに、宗教と
は何かと尋ねるなら、「人が教会へ行くとき」とそれは答え、ま

た人が「ペテロは誰だったか？」と尋ねるなら、答えは「彼は3回鳴いた」と書いてある、と。この愚かさは「生命の赤い頬を少なからず」もっている、とムージルは述べている。

　しかしここで問題になっている愚かさは、ムージルのスピーチをもう少し追うことによってのみ理解することができる。そのスピーチで彼は、愚かさを愚かさの実践から理解しようとした19世紀の哲学者ヨハン・エドゥアルト・エルトマン〔1805～1892年。ドイツの哲学者〕の言葉を引用している。愚かさの実践とは何か？エルトマンは、それは粗暴な言動である、と言う。彼が意味していることに誰でもすぐに気づく、フェイスブックの投稿の中であれ、ペギーダによるデモンストレーションの際であれ、いかなる文明に属していようと、人間がもつむきだしであからさまな思いやりのなさ、裸の姿を目にした人であれば。

　だからこの愚かさは精神の愚かさではない、決してそうではない。知性の欠如が問題なのでもない、そういう意味では愚かな人はとても知的でありうるし、むしろずる賢いと言ったほうがいいのか？　いや、問題は魂の愚かさであり、ムージルが言ったように、生への恐れから、将来への不安から、それどころかパニックから起こる「感情の過ち」という意味での愚かさなのだ。そしてこの愚かさは、憎悪しながらでしかそれとつき合えないことから起こるのである。

　つまり、この愚かさは、理性（それは、いずれにせよ限られた範囲でそこにあるのかもしれない）のスイッチをただの一度も入れることなくある種の感情に身をゆだねることを、それどころか、理性をあっさり否定することを意味している。

　いつの間にか反社会的なメディアだけでなく社会的なメディアでも知られるようになった類の非人間的な饒舌に、またいつかひょっこり出くわせば、人はそのたびに思う、失せろ！　消去だ！

禁止だ！と。われわれは何もかもを許してはならない！ その一
方でわれわれは、そこにそのような言葉がなければ、この種の愚
かさがわれわれの社会に存在するということを、その愚かさがい
かに強大なものであるかを、ひょっとするとそれには何かをする
能力があるかもしれないということを、それがいうまでもなく不
滅だということを、完全に忘れてしまうのではないか？

　われわれに本当に必要なのは単なる記念碑ではなくて、むしろ
愚かさのミュージアムのようなもの、愚かさの現象形態の展示、
その原因の省察、その概念の解明、そのニュアンスの考察だろう。
ショップ、カフェ、ビデオ装置、画像、資料を備えた本格的なミ
ュージアム。

　その入口用の彫像については、すでに述べたように私は承知し
ている。

　「ちなみに、われわれが誠意をもって行動するように理性が配
慮するということは、いつもそうとは限らず、時にはやはり瞬
間的な感情なのかな、それとも？」と友人。「ケストナーの小
説の主人公ファビアンは、子どもを救うために考えることもな
く水に飛び込む」

　「たとえ泳げなくても」と私。

　「またしばらく前には、ニューヨークで地下鉄の線路上に転落
した子どもの話があったんじゃないか？ 電車がもう直前に入
ってきているにもかかわらず一人の男性がその子の後からとび
降りて、その子を救った。あやうく彼は自力でプラットホーム
に上れないところだった。それをしていなければ決して自分を
許せなかっただろうと彼は語っていた」

　「新聞には常に、人びとが『瞬間的に』助けた、と書かれてい

るね」と私。「誰かが『長い思案の末』助けたと読むことは決してない。2017年6月に3人のテロリスト〔イスラム過激主義者〕が、まずロンドン橋で、次いでバラ・マーケットで人びとを殺害したとき、最初に彼らにとびかかったのは警棒をもった警官だった。他の武器を彼は所持していなかったんだ」

「しかし時として群衆の中にいる人びとは、誰かがぶちのめされる様子を、助けもしないで眺めている」

「それは**傍観者効果**〔ある事件に関して、自分以外に傍観者がいると率先して行動しない心理〕と呼ばれている」と私。「彼らは、他人が何かすることを望んでいる。そして多分後になって自分が助けなかったことを惨めに感じるのだろう」

「自分は何かわけがあって道徳的にとても崇高だとうぬぼれて、ひどくくだらない振る舞いをしてしまう他の人たちのように。そういう人はおそらく何らかの内的な善悪の損益勘定、道徳的な損益勘定をしているのだろう。おかしい、とてもおかしい。そんな人は信用できない。もしかすると人は自分自身すら信用できないのかもしれないね」

「それは違うと思うよ」と私。「人びととはもちろんそのような瞬間にはいつでも、ある決定的な状況の中にいるんだと思う。彼らはいずれにしろ一瞬のうちに善を取るかあまり善とはいえない事を取るかに決定を下さなければならない。この一瞬のうちにこれまでの人生において身につけ、勝ち取ってきた姿勢に基づいて決定を下す。だから、人間的な誠意をめぐるこの持続的な仕事と絶え間ない闘いとはとても大切なのだ」

クラウスニッツの映画に戻ろう。映画の中では、すべての映像が映し出された後であまり予想していなかったことも目にした。

つまり、クラウスニッツではすぐに難民たちを支援する人たちの
グループができ、関与した大勢の人たちが、当局へ行く難民たち
に付き添い、募金を行い、祭事の手はずを整え、交渉の仲介をし
た。この支援者グループ内の一人の女性が、ここにバスが着いた
ときその中にいた自分に向かって群衆のうちの誰かが「モニカ、
お前の家は明日燃えるぞ」と大声で言っていた、と報告した。

　このようなことをする人間になおも誠意について教えるどんな
手立てがあるというのか？

　ともかく次のように言おう、ある種の人たちに対してはもちろ
ん誠意について教えることはできず、どこであれ彼らには優位に
立ったり、指導的立場に立つことが許されていないことを人はた
だ眺めているほかないのである。

　この発言（記録の中では「モニカ、お前の小屋は明日燃えるぞ」
と記されている）に関しては、その後犯人には3600ユーロを支
払うべしとの略式命令が出された。女性は次のように述べた、そ
の男性はもちろん知り合いで、後日教会で再会した。彼女は献金
を集め、彼は長椅子に座っていた。次いで彼は彼女の住まいのベ
ルを鳴らし謝罪した。彼は、その発言をした瞬間に後悔していた
と言い、彼女は謝罪を受け入れた。また若干の人びとが後に市長
のもとを訪れ、自分たちの行為は申し訳ないものだったと詫びた、
と映画は伝えた。バスの前に立っていたかなりの人たちも後に支
援者グループで共に働くことになり、それとともにわれわれは再
び流れるような推移のもと、ザシャ・ロボとマルクス・アウレリ
ウスのそばにいるだろう。すなわち、誠意をわきまえた人びとも
時として誠意を欠く人びとにあっさり引っ張られてしまうことが
ある。すぐそばで粗暴な言動に接したときにこれとはまったく違
って誠意あることもたびたび起こるが、このような状況下にある
人たちの体内を走る多くの衝動のうち、誤った衝動が働いてしま

ったためにそれが起こらなかっただけなのだ。

　映画は、全体として相変わらずある亀裂が村を貫いていると伝えた。「というのも」、先に引用した市民の女性の言葉通り、「そもそも誰がどのように考えているのか、まったくわからないからだ」と。

　それにもかかわらず、助けたことのある人びと、そして現に助けている人びととはすでにその点を心得ていて、彼らの努力、意志、パワーからしておそらく節を曲げることはないだろう。彼らは多数、残念ながら静かな、時としては沈黙すらしているが、なんといっても極めてねばりづよい多数でもあるのだから。仰々しい振る舞いをすることなく他人を助ける非常に多くの人びとを、彼らが何をしているのか、しばしば少し問い合わせて初めて耳にするような人びとを私は知っている。そして彼らは、この話からわかるようにとてつもなく重要なのである。というのも、危機的な場合や人間たちの振る舞いが試される場合に、ふらふらしていて操作可能な人びとや不安を抱いていて自分の小旗を風向きに合わせてしまう人びとに、その考え方と行為によって方向づけを提供するのはまさにこれらの人たちなのだから。

　人間は、群棲動物であり、人がそれを良しとしようがしまいが、行動の規範と基準から見てその群れに有効であることに従う。だから人は何が有効とされるかに気をつけなければならない。

　アルベール・カミュ〔1913〜1960年。フランス領アルジェリア出身の作家、評論家〕の没後34年経った1994年、彼の未完のままだった小説『最初の人間』〔Der erste Mensch, 日本語版2012年〕が刊行された。その原稿は、1960年1月4日にフランスのヴィルブルヴァン〔パリに向かう国道5号線にある〕近くで起きた彼の自動車事故死の現場で発見された。しかしカミュの娘カトリーヌは、父

はその原稿がもっているつよい自伝的な性格を時を経て緩和した
かったのであろうと推察して長い間出版を拒否してきたのであ
る。

　この作品で大切なのは、カミュ同様アルジェリアのフランス人
であるジャック・コルムリイという名の男性によるアイデンティ
ティ探しである。

　1905年に20歳でモロッコ軍との戦いに従軍していたコルムリ
イの父、アンリ・コルムリイが問題となっている一コマがここに
ある。彼と一緒に従軍していた男性、校長のルヴェックは次の情
景を覚えている。彼ら二人は、夜間に歩哨の交代に向かう道すが
ら岩の多い峠道で、死んだ仲間を見つけた。その「後方に寝かせ
られた頭部は奇妙にむりやり月の方へねじ曲げられていた」。顔
がおかしな歪み方をしていたので、二人には最初は誰なのかわか
らなかった。「だがそれはまったく単純なことだった。彼の喉は
切断されており、口の中のこの鉛色の脹らみは彼の陰部であっ
た」。何者かがそれを切り取り、口の中に詰め込んだのだ。彼ら
が100メートル先で見つけた2番目の歩哨も同様だった。

　コルムリイは、とルヴェックは次のように報告している、素朴
で勤勉で、それでも人づき合いのよい、公正な人間だった。自分
はこの日のように彼が激昂するのを見たことは一度もなかった。
やつらは人間ではない、「人間はそのようなことはしない」と彼
は言った、と。ルヴェックは、とにかく彼らは自分たちの土地に
いて、身を守りあらゆる手段を用いたのだ、と答えた。しかしコ
ルムリイは慰められず、躁狂発作を起こして叫んだ、「いや、人
間たるものは自制する。まさにそれが人間だ、さもなければ
……」そして、彼は落ち着いた後、「私は貧しく、孤児院出身だ、
こんな服を着せられ、戦争に引きずり込まれた、だが私は自制す
る」。そして、自制しなかったフランス人たちもいるという異議

に対しては、「そのとき彼らも人間ではない」と。

　イーリス・ラディッシュ〔1959年〜。ドイツの文芸評論家〕著のアルベール・カミュの伝記によれば、ここではアルベールの父リュシアン・オーギュスト・カミュ（父のことをアルベールは決して直接知ることはなかった。この父は息子の誕生のわずか数か月後、第一次世界大戦中に戦死したからである）の人生における一コマが問題になっている。父もモロッコ軍との戦いにおいて、兵士としてアトラス山脈〔アフリカ北西部、モロッコ・アルジェリア・チュニジアにかけてほぼ東西に走る山脈〕にいた。そして「人間は自制する」とラディッシュは言う、「それが、父を知っていた一人の老教師を介して父から息子に伝えられた礼儀作法であった」と。

　さて一人の人間の喉を切断して、その口の中に彼の陰部を詰め込むことは、途方に暮れた他国の男性、女性、子どもたちが乗った1台のバスの前に立ち、彼らを脅し、しつこく嫌がらせを言うこととは別のことである。しかしそのことが、ここで問題にしているあの素朴な人間的な尊厳というものの考え方に確かに抵触していることは、あの男性がドアのベルを鳴らして謝罪しに来た場面が示すように、ほぼ誰が見ても明らかである。

　カミュは、誠意がもつあの素朴で基本的な価値の輪郭を、彼の最も有名な小説の一つ『ペスト』〔*Die Pest*, 1947年、日本語版1969年〕においてさらにはっきりと描いた。アルジェリア海岸沿いの町オランでペストの流行が始まった経緯が描写される。最初は予想もしない場所で突然まずネズミたちが死に、ペストはその後急速に多くの人びとにも襲いかかる。ほどなくここに住むすべての人たちに死が迫り、町の門は閉ざされ、もはや誰一人外に出ることは許されない。数千人の人びとがペストの犠牲になり、医師のリウーや神父のパヌルーといった若干の人たちがそれと格闘する。

　ついにペストは組み伏せられ、正常な状態が再び始まるが、し
かしペスト菌は打ち負かされない、なぜなら最後に書かれている
ように、「ペスト菌は決して死にも消えもせず、数十年間家具や
肌着類の中で眠ることができ、部屋や地下室やトランクやハンカ
チや書類の中で根気よく待ち、ことによると人間たちに不幸と教
えをもたらすためにネズミたちを目覚ませ、人間たちを死なせる
ためにある幸福な町へそれらを送り込む日がいつか来るだろう」
から。

「この記述は、バクテリアペスト菌には該当しない」という叙述
を、私はウーテ・ハインリヒの博士学位請求論文「**カミュの小説
『ペスト』における医師の処置**」の中で読んだ。このバクテリア
は数十年間も「書類」の中で生き延びることはない。このことを
カミュも確かに知っていた。そしてこの事情とその後のカミュ自
身の発言からしても、病いが隠喩として使われ、人間を脅迫する
悪のたとえとして、この場合はナチズムのたとえとして用いられ
ていることがわかる。というのも、この本を執筆中のあの数年間
ナチスはフランスを占領しており、カミュもレジスタンス〔第二
次世界大戦中のドイツ軍占領下のフランス、ヴィシー政権下における抵
抗運動〕に加わっていたのだから。

　医師のリウーは、この本の主人公であり、もちろん最後になっ
てようやく明らかにされるのだが、オランにおける出来事の年代
記──この小説は年代記として執筆されている──の作者でもあ
る。リウーは運命の力としてのペストと格闘するが、実際はすべ
ての暗闇や麻痺させるものに対して無力である。ペストがその瞬
間には過ぎ去っても完全に打ち負かされないことは、結末でも暗
示されている。1942年に出版された『異邦人』〔*Der Fremde,* 日本
語版1954年〕においてはなおも「世界の、情愛のこもった無関心」
が問題であったのに対して、ここでは無関心だけが支配的である

127

ように見える。

　それにもかかわらずリウーは闘う、なぜならカミュによると、この闘いは人間の本性に根差したものだからである。これがカミュの執筆活動における一つの変化を際立たせている、とイーリス・ラディッシュは書いている。『異邦人』の主人公ムルソーは自分の幸運をなおも無関心の中に見いだし、リウーはまさに闘いの中に見いだす、これらはいずれもカミュにとって人生に欠かせないものなのだ、と。

「人生には」と、ラディッシュはカミュの思索を説明している、「理性が区別し、並列的にまた無作為に序列をつけるすべてのものが存在している、つまり同時的でないものの同時性。人はどこにいようと常に人生の中にいる。人生においては不意に途方もない幸運が訪れることもあれば、無意味な恣意に苦しめられることもある」

　小説では、この点についてリウーがジャーナリストのランベールと議論している。問題は愛、死、ヒロイズムである。けれどもリウーは言う、自分たちがここでした闘いにおいてはヒロイズムは問題ではない、と。

　「要は誠意なのです。これは一笑に付されるかもしれない考え方ですが、ペストと闘える唯一の方法は誠意なのです」
　「誠意って何ですか？」と、ランベールは突然真剣になって言った。
　「一般的にはどういうことなのか知りませんが、私に関していえば自分の職務を遂行することだと心得ています」

　リウーは医師である。医師は同胞の病苦を取り除くか、とにかくそれを和らげたいと思う。彼はそのための手段をもっていて、

それを役立てる。そうするのは、他の人びとの苦しみが彼の心を動かさずにはおかないからであり、その苦しみが彼の心に触れるのは、彼が他の人びとと共に苦しみ、彼らとの根本的な連帯を感じるからだ。そういうわけで彼は働く、冷静に、実質的に、精力的に。

カミュは、1943年と44年に地下刊行誌の中で「**あるドイツ人の友への手紙**」を発表し、自分にとっての問題は、「人びとが、腹立たしい運命への闘いを開始するために彼ら相互の連帯を再び見いだすことだ」と書いた。つまり、彼の伝記作者ラディッシュは言う、この時代に問われているのは、「市民の素朴な誠意と尊厳に関する考え方である。カミュにとって素朴な人間的尊厳『人間はそのようなことはしない』を無視するような哲学はもはや何の価値もないのだ」と。

それゆえに、もし本書の初めで誠意がまだ完全には正確に理解できていなかったとしても、ここではいまその理解によりいっそう近づいている。

人間は自制する。

あるいは次のように言おう、誠意が問題だという場合には他の人びととの根本的な連帯が重要であり、そのためには、われわれみんなが人生を分かち合っているという感覚、そして小さな日常的な状況にも人生の大きな根本的な問題にも同じように当てはまる感情が大切なのである、と。

〜〜〜

「要するに」と友人は言う、「われわれが暮らしている世界は、われわれにとってあまりに複雑すぎる」

「ポピュリストたちもそう言っている」と私。

「いや」と友人、「彼らは、世界は単純だ、われわれがそれを

不必要に複雑にしただけでこれは取り消せる、と言っている。だが、それはもちろん正しくない。例えば、われわれがあまりに多くのことを知りすぎているということ」

「あまり知らないほうがいいのか？」と私。「それはドナルド・トランプ流解釈だろう。何も知らない、それにもかかわらず統治している。十分に知るなんてやはりまったくできないことだよ」

「ただしそのことはわれわれに過大な要求をする！　いや、それはその通りで、変えることはできない。われわれは今日原則的にはほとんどすべてのことを知ることができる。君は、たったいま注文したばかりのこのビールが、おそらく承認しがたいような条件の下で製造されたことを知っている。君が昨日食べたアボカドを生産する際に確かにとてもたくさんの水が消費されたことを、そして、それが育った畑のために森が切り開かれたことを知っている。君が休暇中に家族と一緒に過ごすスキー場の大騒ぎが、アルプスの環境を騒々しい金切り声が響く産業に変えてしまったことを知っている。まさに今日ではわれわれがほとんどすべてのことを知っているか、いずれにせよほとんどすべてのことを知ることができるかのように、君はそのすべてを知っている。そしてその知識をもとに、正しい、誠意ある人生を送ろうと試みる、つまり、これはしないがあれはする、君は巧みに困難を切り抜け、時には気分が良く、時には気分が悪い。しかし、そのすべてを本来いかに内面的に消化し、関連づけるべきなのか、本当のところ君にはわからない。なぜなら、君はそれとは別にまだ、仕事と家庭、それ以外にも世界情勢とは何の関係もないいくつかの心配事を抱えていて、それらのことに気を配らねばならず、そのために君のエネルギーの大半は費やされているのだから。そのときもはや君のエネルギーはお

そらく世界の救済のために十分残されてはいないだろう。とにかく世界の救済は君には荷が重すぎるということ、そして人生の原則は自分に過大な要求をしないということであるべきだという点はまあ度外視するとしても。というのも、過大な要求をされる人には、他人や自分自身に対して攻撃的になる傾向があるからだ。すでに過大な要求をされたことのある人は誰でもそのことを知っている。そして攻撃性はここでわれわれが論じている問題の一部なのだ」

「君は肉を食べるの？」と私は尋ねる。

「どうして？」と彼は尋ねる。「君は僕があまりに攻撃的すぎると思っているのか？　肉食が攻撃的にすると思っているの？」

「というのも、先ほどすでに話し合ったように、肉を食べるのが当然のことなのかどうかに、とても多くの人びとが関心をもっているからだよ。なんて多いことか」

「多くの人びとはそんなことにまったく関心はないと思うよ」と友人。「でも、君が生活している集団の中では、僕もそこで生活しているのだが、多くの人たちがそのことに関心をもっているし、そういう若者たちはますます増えてきているね」

「いずれにせよ肉を食べる、食べない、あるいは肉抜きについては、すでに多くの書物が書かれている」と私。「今日人が下さなければならないこれらの決定の一つが問題だ。まだ僕らの親たちはそれについて何も知らなかったんだが」

「僕はベジタリアンではない」と友人。「僕はうまい食堂の愛好者で、うまい豚のすね肉が好きだ。そのために豚が死ななければならないことは承知している、だから豚のすね肉がまずいと申し訳ない気がする。だって、革のように堅い皮、この言葉はふさわしくないけど、そんな皮のまずい豚のすね肉のために

豚が死ぬはめになることを望まないからだ」

「ひょっとしたらわれわれの文化は変わるかもしれないね」と私、「ある日人びとはわれわれのことを野蛮だと感じるかもしれない、豚のすね肉を食べるということで。われわれが今日、人身御供を捧げていたアステカ人〔14世紀から16世紀にかけて、メキシコ中央高原に栄えた民族〕のことを野蛮だと感じるように。しかしアステカ人にとってはそのままで正しかったのだ」

「君がアステカ人に精通している限りではね」と友人。

「僕が言いたいのは、かつては他の人びとが君のために決定を下していたということ、例えば社会や教会が。今日では、各人が自分で決定を下す、自分の信念に基づいてであったり、教会や労働組合のような多くの決定機関が意味を失った後、自分自身が何とか世界を少々コントロールする決定機関として」

「問題をより単純化しないで」と友人。

「それは、まさに多くの人びとが何をうまく処理できないか、ということだね」と私は言って、ビールに口をつける。一休みだ。

その後、「ちなみに、われわれがあまりに多く知りすぎているとは思わない」と私。「あまりに少ししか知らなさすぎることがよくある。毎秒何らかの仕方で情報を与えられ、とにかく情報を次々投げつけられるので、多くのことを知っているように感じるが、実際には中間の状態や表面的な映像を知っているだけということがしばしばで、脈絡がわからず、背景が欠けていたりしていても、そのとき衝動的に、瞬間的に反応してしまう。だけど、今日われわれが受身的な立場に置かれていても、自分が決定に参加している政治の逡巡する姿はただ何となく説明できる」

「まさに今日はそうなのだ」と友人は肩をすくめて言う。「君

はどうしたいの？」

「少なくともそうだということを自覚すべきだろう」と私。「そのことを認めることは誠意あることで、疑念を徳と見なし自負心を軽視することは理性的だと言えるだろう」

　　　　　　　　　　　　　　　　　　　　⌒

　私はこの本を執筆中に、アメリカ人のセバスチャン・ユンガー〔1962年〜。ジャーナリスト、作家、映画監督〕の著書『部族──共同体と人間性に関する失われた知識』〔*Tribe - Das verlorene Wissen um Gemeinschaft und Menschlichkeit*, 2017年〕を読んだ。ユンガーは、共同体における人間の精神的欲求の問題に取り組み、なぜ数世紀前に多くのアメリカ人の開拓者たちやその家族が、アメリカインディアンによる囚われの状態から解放された後、それでもまた一緒に暮らすためにインディアンたちのところへ戻ったのか、という問いを投げかけている。なぜ兵士たちが軍事行動の後自発的に新たに志願し、近代的で快適な社会での生活に耐えられないのか。なぜロンドンでナチスによる爆撃の恐怖を体験し生き延びた人びとが、奇妙なことに圧倒的にこの時代のことを肯定的に思い出すのか。なぜ精神的疾患が、人びとが外的な脅威の下で結束しなければならない場合にすぐに消えるのか。「なぜ大惨事がそのように健全な精神状態を招くのか？」と、ユンガーはイギリスでの爆撃戦を目にした一人のアメリカ人の言葉を引用している。

　彼自身が書いている、「不自由ということはその人間にとって大したことではない、必要とさえしている。それにもかかわらずその人が悩むのは、必要とされていないという感情に、である。近代社会は人間たちに用無しの感情を与える術を完成させた」

　このような感情は、とユンガーは次のように言う、単一的な部族社会には決して存在しなかった。誰もがそこで自分の居場所と

課題をもち、共同体が人生に意味、展望そして体系を与えてくれ、人は「他者との、これ以上ないくらいに安心できる結びつきを経験していた」。社会的な差異や豊かさの差異、身分の問題はそこには存在しなかった。そして人はある種の状況の中では、当然ながら遺伝的に刻みつけられたこの振る舞いへと自然に帰るのであり、さらに付け加えれば、暗殺事件が起こった都市においてはそういうことが確かに見られる。というのも、その直後には、住民たちの信じがたい結束に触れた記事がいつも新聞に掲載されるのだから。脅迫がなくなると、市民は再び自分の利益とそれに関連するあらゆる個人的なもめごとしか知らない現代精神に我を忘れるのだ、と。

　まさにこのことは、ハラリやアッピアの著作でも読むことができる。すなわち、数万年以上ものあいだ人間は、確実性を与えてくれる小さな、特定の共同体の中でその情緒と本能によって形づくられてきた。確実性を失えば傷つきやすくなりストレスを受ける。このことを理解しない限り、現代精神におけるわれわれの諸問題を説明することはできない。

　ユンガーはまた次のように言う、自分はある戦場からアメリカへ帰ってくるという感情を知っている、自分はしばしばそれを体験した。つまり、快適さや豊かさの度合にショックを受けた後、「われわれは自分自身の交戦相手である社会に生きているのだ、という暗い認識」が続くことを身をもって体験した。所得の隔たりはますます深刻になり、人種間の隔たりも同様で、年配の人びとはほとんど世事に関心がなく、アメリカでは狂暴な乱射による殺人事件が頻発するので、それらがニュースになるのはせいぜい二日間だけだ。そして人びとが、その都度金持ち、貧乏人、他国で生まれた人、政治家といった他者について話すときの軽蔑的な語り口はショッキングなもので、倦むことなく差異を強調し、すべて

の関心はそこに向けられるのだ、と。しかし、次のような問いを、マウントサイナイ病院〔ニューヨークにあるマウントサイナイ医科大学の付属病院〕の精神科医レイチェル・イェフダ〔1959年～。イスラエル人〕は、ユンガーとの会話の中で投げかけている。人はそのような状況の中で共生することができるのか？　一緒にいたいと思うなら、人びとを結びつけるものに精神を集中する必要はないのか？と。

　人びとを結びつけるものとは何か？

　もしかすると、共通の人間性？

　この場合カミュにとても近く、「連帯のための感覚能力こそ、人間であるということが意味していることの核心だ」とユンガーは書いている。

　彼の著作はアメリカを取り上げているが、それはわれわれの社会の脅威と同様に総じてすべての社会の脅威がどこにあるかを示している、アメリカでも、イギリスでも、わが国でも。これらの社会の相互的な吹送流〔風により海面が移動し、別の場所の海水がそれを補ってできる流れ〕が問題なのである。

　どこにおいても同じことが言える。自分が忘れられていると感じ、自分たちの生き方がもう通用しないだろうという理由をもはや理解できない人びとがいる。

　次のような問いが重要である。

　2017年ロンドンである高層ビルが焼け落ち、建築上の甚大な欠陥によりおよそ80人の人びとが死に追いやられたというのに、そこからほんの少し離れた街並みには、所有者が投資目的だけに買った贅沢にリフォームされた家々が空き家のまま建っていたのはなぜか。

　アメリカの**ラストベルト**〔昔は重工業で栄えたが、その後衰退した北部の工業地帯。2016年の大統領選でこの地の白人労働者層はトラ

ンプ氏を支持した〕に住むある家族にとって、父親にはもはや25年前から賃上げもなく、一人の子どもの病気がその子の生存の否定を意味しうるのはなぜか、いやそれどころか、いかさまの銀行家たちによってひき起こされた2008年の金融危機〔2007年にアメリカで顕在化したサブプライム住宅ローン危機を発端としたリーマン・ショック。2008年9月15日に投資銀行リーマン・ブラザーズ・ホールディングスが経営破綻。それに連鎖して一連の国際的な金融危機が起こった〕が、900万人のアメリカ人から職を奪い、300万家庭から住まいを奪ったのはなぜか、失業率が10パーセントに倍増したのはなぜか（さらに併せて、とユンガーは言う、この災難は人命をも奪った。というのも、100年前から失業率と自殺率とは相関関係にあるのだから）、そして、こういったことすべてが起こったにもかかわらず、責任者たちは、責任を問われず、罰せられることも汚名をきせられることもないばかりか、逆に更なる特別手当の支払いによって報われたのはなぜか。

　新しい見方、生き方、言葉、宗教をもった人びとが属していると同時に、自分たちの普段の生活をもはや送ることができないという不安を抱えている人びとがいる社会は、いかにして結束すべきなのか。

　「ツァイト」紙は2017年3月に、女性企業家、解雇されていまはフォルクスワーゲンでビルの管理人として働いている派遣労働者の男性、男性検事、難民支援者の女性、そしてシングルマザーに、彼ら一人ひとりの多種多様な経歴および日常生活について尋ね、最後に次のように書いた。ある時点で一つの共通点が目につく、つまり、「常に問題であるのは、本来この国で自明であるべきであって、ひょっとすると以前も自明であったであろう諸々の事柄、すなわち、国家の任務の委託に際して公平に事が進行するということ、大企業の幹部たちが過度に私腹を肥やさないという

こと、犯罪行為に関しては犯人ではなく犠牲者が中心に立つべきだということ、ドイツへ来る人はこの国で通用するルールに従わねばならないということ、父親は自分の子どもたちの養育に気を配るということ、これらの事柄が望ましくない方向へ大きく変化したということなのである」

　要するに、人間たちが誠意をもって振る舞わないという事実が常に問題なのだ。

〜〜〜〜〜

　「一つの社会が限られた範囲でのみ不平等に耐えられるということは自明のことではないのか？　というのは、そうでないとその社会において結束の感情が失われてしまうからだろうか？」と友人。「それどころか、一つの社会における不平等が大きくなればなるほど、殺人の数が増えると以前に読んだことがある。だから不平等と暴力とは相関関係にあるということだ」

　「興味深いね」と私。「今朝社会学者のオスカー・ネグト〔1934年〜。ドイツの社会哲学者〕へのあるインタビュー記事を読んだ。1968年の学生運動のことが問題になっていて、彼は確かにアーポ〔APO、außerparlamentarische Opposition, 西ドイツの大連立政権時代〔1966〜69年〕に、政治的・社会的改革を政府に迫った大学生を中心とする議会外反対派〕の代表者の一人として積極的に運動に参加していた。そのほか今日のポピュリストたちのこともちろん話題に取り上げられ、彼らについてネグトは『市民的誠意が実際にこれほど荒廃し無視されるとは考えてもいなかった』と言ったんだ。この紛れもない左寄りの社会哲学者がいきなり『市民的誠意』という言葉を使ったことに驚いた」

　「どうして？」

「そのわけは、おかしなことに僕は、富が、いや、富ではなくて、富とのある種のつき合いがある時とんでもないものになるということをこの概念とも関連づけるからだ。だからこの考えはまったく社会学的なものではなく、かなりシンプルなものと言える。市民的な誠意は、例えば、人間は自分の欲望をも抑制するということ、かなりの人たちがするようにポルノグラフィックともいえる仕方で自分の富を誇示したりはしないということを意味する。人間はそんなことを決してしない」

「それでも、というなら？」

「その場合は、すでに君が『結束』と呼んだものが破壊されていることの表れだ。もし一方で人びとがそのことについてもう何も理解できないほど裕福になり、他方で下層階級の人びとが健康保険すらもてないとしたら、結束というものはいかに機能すべきか？　そういう事態はいつか一国を引き裂くに違いない」

「だがその場合には市民的誠意の喪失はこれらの問題の原因ではなく、むしろその表れと言えるのだろうか？」

「そう言えるかもしれない。しかし同時にこの喪失はその問題をますます先送りする。一種のスパイラルだ。ちなみにこのまま続けてアメリカについて話すのか、それとも？　ひょっとするとドイツのわれわれが、例えば社会福祉関係立法によって誠意を法律にした、と言われるかもしれないね？」

「僕はこの概念を酷使しすぎないだろう」と友人。

　正直なところ、私はユンガーが書いているかなりの点について疑問を感じている、例えば、インディアンの生活の理想化やロンドンの防空壕での生活をもっぱら郷愁にかられる感情とともに思

い出すという事実に関して。私の祖父母は多くの時間を複数の防空壕で過ごした、もちろんロンドンではなくドイツでだが。いうまでもなく当時は誰もそれについて語らなかったが、いつも私は、この時代は彼らの心のうちに重苦しいトラウマを残したと感じていた。「ガーディアン」紙上でユンガーの著書について書かれた次のような記事を読んだ。防空壕内の秩序に配慮するためには、自発的な治安組織が警察を呼んではいけないほど、そこでの結束が重要であったとユンガーが主張するのはまさに誤りであって、「警察と監視人は、秩序の維持および絶えず発生する口論を終わらせるためには決定的であった」。そして精神的疾患の減少について引用されていたが、それはやはり単純に病院では戦傷者を優先せざるをえなかったという事情に関係しているのだろう。さらに、世界人口の大半は絶えず何らかの仕方で脅かされ、危機に陥っているのではないか？　そしてこのことは実際に結束へと通じていると言えるのだろうか？　むしろ逆にしばしば恐ろしい市民戦争に通じているのではないだろうか？と。

　他方、もしかするとここでの問題はこれらの点ではないのかもしれない。だがいずれにしてもここでのわれわれのテーマにとってさらに重要なのは、（この本を読めば、これ以外にはほとんど表現のしようがない）他者と共存する共同体において人間として有意義な生き方を求める叫び声だ。すなわちそれは、今日われわれが生活しなければならないあの大きなつながりの中ではなく、明らかに暮らしやすい、より小さなつながりの中での生き方を求める叫び声なのである。

　誰かが私に次のように言ったことがある。共同体が問題になる場合に、人間には二つの大きな不安がある、共同体から締め出されてしまう不安と、共同体の中で個人として消えてしまう不安。そこで彼の憧れは、他の人びとと人間らしく生き、同時に貢献す

ることができること、一つの課題をもつこと、必要とされること
なのだ、と。

　しかしグローバル化によって形づくられた社会においては、必
要とされていないという感情を多くの人びとが抱いている。誇り
は彼らから奪われ、敬意は拒否される。この社会は、彼らが無言
で加わっているとき、決定に参加することを許さず、単にその一
員にすぎないという印象を与える。つまり、それは、ヨーロッパ
のことを、TTIP〔Transatlantic Trade and Investment Partnership,
大西洋横断貿易投資パートナーシップ協定。アメリカと EU との間の協
定で、互いの市場に存在する規制や関税をカットする狙いがある〕のよ
うな条約のことを、あるいはまた、自国の、ないしは大陸の境界
を管理することは不可能だと説明する政府のことを考えるときに
多くの人びとが抱く感覚である。自分の生活が問題である場合に
人がもちたい政治に関与する役割が、それどころか民主主義によ
っても約束されているその役割が果たせなくなっている。それを、
人びとは可能な限り必死になって取り戻そうと試みる。

　本書の初めのどこかで、人びとが誠意そのものを忘れて事故現
場を眺め、撮影のために自分の車を無造作に放置しておいたこと
で交通渋滞が起き、救助隊の妨げになったことが問題にならなか
ったか？　この実に耐えがたい振る舞いが、人が耐えがたく首根
っこを抑えられていること、つまり自分の車の中に座って何もす
ることができないこととも何らかの関係があるとしたらどうだろ
うか？　本当はじろじろ見ること、撮影すること、好奇心が問題
ではなく、まったく単純に、**何かをしたい**という欲求が問題だと
したらどうだろうか？

　時おり人びとが渋滞の中で意味もなくクラクションを鳴らした
り、他の人びとをどなりちらしている姿を目にしないか？

　ただ何となくいまトランプ、ル・ペン、FPÖ〔Freiheitliche

Partei Österreichs, オーストリア自由党。極右政党〕、AfD あるいは
ブレグジットを選ぶことは、原則的にはこれと同じ振る舞いだと
考えてみるのはどうだろうか？　意味なくクラクションを鳴らす
こと？　愚かなわめき声？　いかなる誠意も見当たらない振る舞
い？

　大いに納得？

　「これはそもそも単純な考え方かな」と友人に尋ねる、「人生
において人は他者に対して根本的に親切であるべきだと言うの
は？」

　「でも君は先ほど自分でマルクス・アウレリウスを引用したん
だよ」と彼は答える。「『というのも、もしお前が動じることな
く極めて邪悪な人間に親切であるなら、彼はお前にどんな危害
を加えることができるというのか……』。親切について、ちな
みにアンゲラ・メルケルはかつて次のように言った、『私はま
ったく正直に言わねばならない、もしわれわれがいま、苦境の
なかにあって親切な顔を見せるということでなお弁明しなけれ
ばならないということに取りかかるのであれば、それは私の国
ではない』」

　「僕が『苦境のなか』で思っただけでなく、実際根本的に思っ
ているのは、ともかく常に人びとに親切に出会うということ
だ」

　「なぜそうすべきなんだ？」

　「もしかするとそれが世界を本当に肯定的なものへと変える唯
一の道だからだろう。もし君が他の人びとを変えようと試みれ
ば失敗するだろう、というのは、君が本当に変えることができ
る唯一の人間は君自身なのだから。そして君自身がより親切に

世界に歩み寄るなら、おそらく君はすでに少し世界を改善したことになるだろう」

「『隣人の話や行いや考えを気にせず、自分自身の行動が正しく、敬虔で、良いかどうかだけに気を配っている人は、どれだけ多くの余暇を得ることか。それゆえに周囲の黒い悪徳を見ず、惑わされることなくお前自身の道を歩め』」〔第4巻の18より〕。

「それもマルクス・アウレリウスだね？」

「もちろん」

「それは動機として十分と言えるかな？」と私は尋ねる。「もしそれで不十分なら、もう一つ別の考え方をつけ加えるが、今度はマルクス・アウレリウスのものではなく、奥さんと一緒に結婚生活に関わる治療を受けていた知り合いの考え方だ。彼は次のように語っていた、セラピストのもとでいかに多くの治療時間を、夫婦二人が互いに非難しあうことに費やしたか、また各文がいつも、Du hast schon wieder〔きみはまたしても……した〕, du musst endlich〔きみはとうとう……しなければならない〕, du wirst nie〔きみは決して……しないだろう〕, du sagst immer〔きみはいつも……と言う〕のように du〔ドイツ語には2人称の人称代名詞に2種類あり、親称単数1格 du は「きみは」のように親しい間柄で用いられ、敬称単数1格 Sie は「あなたは」のように一定の隔たりをおいた間柄の相手に用いられる〕で始まったときの様子がどんな風だったか。セラピストにやがて次のような流れ全体を理解してもらえたときにようやく──すなわち、その都度相手が望んでいるのは、決して二人にとって悪いことではなく、何か別の、良い意図から起こった、場合によってはとても良いことでさえあるかもしれないということに、拒否しなければならないようなことでは決してなく、互いに歩み寄りを見いだし、納得しあえることかもしれないということに、相手が敵対者ではな

く、それぞれが良い目標をもった人間であることに、あるいは、
相手が不安しかもっていない人間であることに互いに気づい
たときにようやく——つまり、二人が互いの言葉に本当に耳を
傾け始めたときにようやく、そのときすべてが変わったんだ、
と」

「ファラダによれば、ケストナーはどんな風に言ったのかな？」
と友人が尋ねる。「人間は善ではないが改善することはできる、
だった？　それならわれわれは、人間は善ではないが誰でも自
分を改善することはできる、と言おうか？」

「それはいずれにしても、親切の根拠が、他者を最初から敵視
しないという点にあることを意味しているのだろうね？　他者
のことをきちんと把握することだと言ってもいいだろう。あく
まで自分の思想や感覚にだけ固執するのではなく、他者の思想
や感覚をその人の身になって考えるように試みることだ」

「社会的な論争においても？」

「まさに社会的論争において」

「しかしそこではパワーが重要だ」

「結婚ではそうではないのか？」

「親切は食いものにされるだろう」

「君は愚かであるべきだ、なんて言わなかったよ。僕は思って
るよ、親切だと。世界が不快な連中だらけだということは周知
のことで、この状態はずっと続くだろう。しかし不快な連中が
雰囲気を毒することを許してはいけない。そしてにっちもさっ
ちも行かなくなったら親切であり続けてはだめだ。そのために
も不明確であってはならず、何を願い、何を願わないか、何を
正しいと見なし、何を正しいと見なさないかを言う必要がある。
しかし根本的には親切に」

「その場合の**親切**はどういう意味？」

「あのね」と私、「以前、その場が騒がしくなり、激してくるといつも『あらゆる人間は自由で幸福であることを欲している』と言う人を知っていた。それは仏教の格言だとその人は主張していた」

「『あらゆる人間は幸福であることを欲している』、これはアリストテレス〔前384〜前322年。古代ギリシアの哲学者〕の『ニコマコス倫理学』〔*Nikomachische Ethik*, アリストテレスの倫理学書。息子のニコマコスらが編纂したとされる〕からの引用だ」と友人。

「アリストテレスはそれをどう考えていたの？ その意味は何？」

「彼にとって」と言って友人は深く息を吸う、「人間の目標は幸福である、もっと適切な言い方をすれば、至福、この場合彼はその言葉で決して永遠における至福を意味しているのではなく、もっぱら現世でのそれを意味している。ちなみに至福とは、ギリシア語の概念 *eudaimonia* の少々不十分な翻訳なのだ。この概念の意味は、この上なく幸せな状態ではなく、また幸福感に満たされた状態ですらなく、むしろ中庸と節度の保持という、そういう類の生の調和のことだ。しかしたいていの場合やはりドイツ語では『Glückseligkeit〔至福〕』が使われる。その著作には、人間は共同体的存在であって、もっぱら国家において他者と共生することができ、それが人間の本性である、と書かれている。人間は幸福を孤独のうちに見いだすことはできず、共同体の中にのみ見いだす。したがってその人間に至福を送り届けることは国家の課題でもあり、国家は、確実性、豊かさといったいわば人間の幸福のための大枠の条件を保証すべきなのである。というのも、人間の至福は、徳高く、自分の能力を伸ばせる生活のうちにあるからだ。徳の意味を規定するために、アリステレスは他の生き物と異なる人間に特有なこととして理

性、熟慮を挙げている。一人の人間は、瞑想にふけるか、あるいは、働きながら自分の理性と賢明さを用いるか、このどちらかの場合に高潔で自分自身にふさわしい生き方ができ、至福すなわち人生における調和に達することができるのだ」

「それは、君みたいなとても賢明な友だちがいる人には素晴らしくて心地よいことに思えるね！」と私。「しかし僕が先ほど話題にした知人は当時そんな風には考えていなかった。彼が考えていたのは、次のようなことだ。他の人びととはみんな、あるいは大半の人びとと言おう（というのは、数人のサイコパスやとても鼻もちならない連中などがやっぱりいるからね）、それらの人びとは、ひょっとすると君にとって邪魔になったり、君と目標を共にしないかもしれないし、君と争ったり、あるいは君の邪魔をするかもしれない。だけどそういう彼らが根本的には君と同じ目標、つまり、自分自身あるいは家族のために少しの確実性を、子どもたちのためにいくらかの喜びを、まあ例えばわずかな幸福を、という目標をもっていて、実はわれわれはすべて根本的には同じことを願っているということに、いつか君が気づいたら、君は彼らとそれまでとは違うつき合い方をするだろうと、その知人は考えたんだ」

「君はデイヴィッド・フォスター・ウォレスの『これは水です』〔*Das hier ist Wasser*, 2009年、日本語版2018年〕という書物を知っているかい？」と友人が尋ねる。「彼がオハイオ州のケニオン・カレッジで行ったこの2005年度の卒業式スピーチ〔これは、2010年タイムス誌・全米第1位に選ばれた卒業式スピーチである〕を？」

「見事だ」と私。「素晴らしいテキストだ」

デイヴィッド・フォスター・ウォレスとは誰であったか？

1962年生、2008年没（死因は、数十年にわたってうつ病を患い、ついに明らかに耐え切れなくなっての自死）、数学的分野そしてその他の分野でも頭脳明晰、才能豊かなテニスプレーヤー、何冊もの解説書、それらのうち、エッセー『ロブスターの身』〔*Am Beispiel des Hummers*, 2005年、日本語版2018年〕——そこでは簡単に言うとロブスターを食べることが道徳的に許されるかどうかが問題となっている——、いくつかの物語、そのなかで『不快な男たちとの短いインタビュー』〔*Kurze Interviews mit fiesen Männern*, 1999年〕は大いに読む価値があり、加えて『無限の冗談』〔*Unendlicher Spaß*, 1996年〕という題名の1冊の断片的小説。これはレンガのように分厚い長編小説、本当は全体を読むことはできないが、それでも私が知っている最も素晴らしい書物のうちの1冊、なぜなら……

ああ、それについてはまたいつか語らねばならない。

いずれにしても、ウォレスは彼が人間の標準設定と呼ぶもの、**初期設定**から出発する。つまり、その設定で人間は、普通の人間としていわば大きな「人びと工場」から引き渡され、その設定でかろうじて次のような日常の単調な流れを片づける。例えば、通りをふさいでいる渋滞をやり過ごし、疲れ果てた神経質な人たちばかりの間でコマーシャルのポップ・ミュージックをくり返し聞かされながら、疲れ果てて半分死んだようなレジ係の女性を前にせわしなく買物を済ませ、そして、そして、そして……。ウォレスは言う、「それはまったく、あたかも全世界が**僕の道を**ふさいでいるかのような有様で、こんちくしょう、僕の道をふさいでいるこの人たちはみんな誰なんだ？」

つまりこれは、人びとが自分を宇宙の中心と感じ、他のすべて

のものを邪魔物と感じる感情のことである。ウォレスが書いているように、「重要なのは、この欲求不満がたまるばかりのくだらない事に決定を下すことだ」。このことは、標準設定を離れ、機械的で無意識な振る舞いから離れて、まったく世界の**見方を変えること**を意味する。例えば「レジ前の長蛇の列に並んでいる他の誰もが、僕同様神経をいらだたせ欲求不満に陥っていて、そのうちの何人かはみんな僕以上につらく、味気ない、場合によっては痛ましい人生を送っている」という**見方をすること**。

　いいかえれば、（ただしここで挙げる例は私〔本書の著者アクセル・ハッケ氏〕のものであって、ウォレスが自著の中で挙げているものではない）チーズ売り場のそばでとても厚かましく他人を押しのけながら前へ出ようとしている、あやしげな化粧と身なりをした女性は、もしかすると家で認知症の母親の介護をしていて、彼女にはここで犠牲にできるほんのわずかな時間的余裕すらないのだという見方をすること。たとえ彼には君が来るのが見えていたとしても（あるいは、見えていたので）最後のショッピングカートを素早く取った、その髪型をぴしっと整えたやつは、おそらく今日上司からとても辛らつな大目玉を食ったせいで、生活のどこかでささやかながら愚かな名誉挽回策を講じる以外にどうしようもなかったという見方をすること。まさに泰然自若として数百本もの空のビールびんを自動装置のパイプの中へ押し込んでいる、やたら悪臭を放つ浮浪者は、きっと……。まあとにかくこの最後のケースについてはさほど語るには及ばない。

　標準設定は言う、愚か者たちは退け！　あるいは、なんといらいらすることか、なんと陰気でいやな存在か！と。

　しかしちょうどここで「決定を下すこと」、すなわち、まったく物事の見方を変えて、われわれすべてが大切な自由をもっているということを会得する決断が始まる、とウォレスは言う。それ

147

らの自由のうちのいくつか、例えば勝利をおさめ、成し遂げ、眩惑する自由もわれわれは手にすることができる。しかし稀にしか言及されないが、はるかに重要な自由があり、その自由が、「よく目を配り、公明正大で、規律を守り、努力を惜しまず、心から他者のことを思いやり、彼らのために身を捧げる行為を、くり返しくり返し、無数の方法を用いて、性的関心とはまったく無縁に、日々続けるよう要求している」ことを会得する決断が始まる。したがって、もしそうありたいと願うなら、真の教育、つまり他者とのつき合いに必要な心の修養が大事であり、素直に「真正で本質的なものに向き合う率直さ」が重要なのである。

———

「この何が気に入ったかというと」と私は友人に言う、「ここで説かれていることがモラルではないということ、つまり、善人であるためにとか、何らかの神々に従うためにそのすべてをしてはならないということではなくて、まさにあべこべで、それをするのは自分自身のためなのだ。というのも、人は、その中へ行き着いた、いや、その中へと生まれ落ちた監獄から自分を解放する自由、その自由を思考に役立て、世界の見方を変えることによって世界を変える決心をしたのであるから。いや、それはまさしくモラルではない、人がそれを果たし、それに屈しなければならないような新たな要求ではなく、誰もが自分自身のためにすること、しようと思えば、**することができること**なのだ」

「それは誠意と呼ばれるものを超えるのかな、それとも？」と友人。

「一方ではイエスだ」と私。「その際ここでは誠意だけが問題であってはならず、そもそも他者との共生の問題が重要なのだ。

この他者との共生はまさに人間に本質的なことであるが、これは決して他者と戦うことではなく、他者のために何かをするということを意味している。わかるかい？　このことは、いつしか少々忘れられてしまったように思える。その一方で、このことはやはり誠意と関係がある、大いにあると言ってもいい。というのも、まずは、誠意ある生き方をしたいと願う人も決定を下さなければならないからだ。そして次にここで大切なのも同じく決定、それは初めは少々複雑そうに見えるが、長い目で見るとより簡単なことを求めて、理性を働かせ考えることによって、無意識に人を駆り立てる機械的なあり方に立ち向かうという決定だ」

「僕も気に入った」と友人、「ここで重要なのは理想像だね。他者そして自分自身とどうつき合いたいかだ。君は初めに、われわれにはそれが欠けていると言ったのではなかったか？」

「うん、そう言った。必要とされているのは、世界についてのビジョン以上に、自分自身についてのビジョンなのだと思うよ。この転換に日々取り組まなければ」

老クニッゲは、人びととのつき合いについて、それは「われわれがあらゆる類の人間に対して果たすべき義務の教えに基づいたもの」でなければならないと書かなかったか？

クワメ・アンソニー・アッピアの書物で読むのは、「あなたが知っていて、あなたの行動がおそらく影響を与えるだろうどの人にも、あなたは義務を負っている。そのことがモラルの根本思想にほかならない」ということ。そしてさらに読むのは、「人びとはそれぞれ異なっている、この差異から多くのことを学ぶことができる」ということ。

自分自身に何かを期待し、要求し、**人間の義務**を感じることは悪いことではありえないので、**義務の教え**は私には良いもののように思える。つまり、おそらくまずもって、この大陸にいる人びとがどれほどのことをやり遂げたことか、文明、文化、知識そして自己認識をどれほどのレベルにまでもたらしたことか、個人の自由をどれほどの段階にまでもたらしたことか、という認識。さらにちなみにまた、安全性を、幾多の戦争、伝染病、自然災害に絶えず脅かされていた中世の人びとにとっては想像もつかないほどのところにまで高めたことか、という認識。例えば、ヨーロッパはかつて地球上で最大の戦場であったが、今日では平和の大陸であるということ、まさにこのことは、今日戦場で生き延びなければならない人びと、あるいは戦場から逃れてくる人びとにとって、希望そのものを意味する、つまりそういう状況を克服することは明らかに可能なのだ。だからヨーロッパ人にとって（それも、その一人ひとりにとって）肝要なことは、この状態を維持し、発展させていくという課題がいかに大きいかを理解することにほかならないだろう。なぜなら、このことは脅かされており、常に脅かされるだろうから——厳密には何によって？

　ひょっとすると、人間には自分の本当の能力を認識することができないということによるのか、いやむしろそれを認識する気がないということによるのかもしれない。人間の本当の能力とは何か？　とりわけ人間のつながりにおいて、別の数千年間においては生き延びるために大切だったが、今ではもはや大切ではなくなったものを引き離す能力。その本能、生得的感情、無精と怠惰、そして魂の愚かさへと傾きがちな性向を乗り越え、その標準設定と**初期設定**を乗り越える能力。それに加えて、人間にも与えられているが、時としてまずは自分のなかに探し求めねばならないもの、理解力と理性、すなわち、重大さから言って自分の内に蔵し

ているすべてのものを見いだす能力。

　そしてあらゆる類の人間もあなたが知っているどの人も、つまり、われわれが理解し、われわれに似ていて、われわれが好きで、われわれが共感し、われわれの目標を共有し、われわれの生活と同じように見える生活を送る人びとだけが問題なのではなく、そうではなくて、臆病な人びとも、怯えている人びとも、恥知らずな人びとも、愚かな人びとも、騒々しい人びとも、物静かな人びとも、反抗的な人びとも、他国の人びとも、こういったわれわれが何らかの義務を負っている人びとも共に問題なのだということは、とても私の意にかなっている。われわれは、彼らにどんな義務を果たすべきなのか？　いずれにせよ、敬意、理解しようとする試み、承認、配慮、好意、親切、そして人間らしい誠意と呼ぶことができるだろうものの基礎であるあの連帯。

　人間らしい誠意は、各個人の問題であるとともに、われわれみんなの問題なのである。

　　　　　〜

　「もう1杯ビールを飲もうか？」
　「4杯目でしょう」
　「人間は自制する」
　「ではこれこそ最後だよ！」
　「じゃあ、どれにする？」

謝辞

　私の著書の多く、なかでも『ちいさなちいさな王様』、『僕の人生で最善のこと』そして『僕が神さまと過ごした日々』は、妻ウルズラ・マウダー〔女優でシナリオ作家〕がいなければ書けなかっただろう。彼女の示唆、助言、批評、励まし、表現力、人を感動させる力は私の仕事にとって決定的なもので、このことはいずれにもまして本書について言えることである。本書の基本的特質に関して私たちは数年前からくり返し語り合ってきた。これらの語らいのどれ一つが欠けても本書は完成しなかったに違いない。

　着想、指摘そして示唆については、ダーヴィド・ハッケ、ジョヴァンニ・ディ・ロレンゾ、アルノ・マコウスキー、ユーリアン・ニーダ・リューメリン、シュテファン・ポストピシル、アンドレアス・シェーフラーに大いに感謝しなければならない。

　さらに数十年来私の著書の発行者であるアンティエ・クンストマンに心から謝意を表する。2017年1月に彼女は「誠意」という言葉をふと口にして、私の背中を押してくれた。

訳者あとがき

　本訳書は、Axel Hacke, *Über den Anstand in schwierigen Zeiten und die Frage, wie wir miteinander umgehen*（Verlag Antje Kunstmann GmbH, München 2017）の第5版の邦訳である。

　本訳書の原著者アクセル・ハッケ氏は、1956年、ニーダーザクセン州ブラウンシュヴァイクに生まれ、長年南ドイツ新聞社で政治記者として活躍し、数々の賞を受けたジャーナリストである。2000年以降は、作家活動へと主軸を移し、朗読会も積極的に開催する現代ドイツの最も著名な作家の一人である。

　今まで日本で訳され読まれてきたいくつもの作品は、代表作『ちいさなちいさな王様』のように児童書と思われるものが多い。しかし実はそれらの作品には、大人に向けた深いメッセージも含まれていることは一読すれば明らかである。

　「謝辞」に書かれているように、原著書は2017年に発行者であるアンティェ・クンストマン社主より投げかけられた発意に応える形で著されたものであるが、出版後ドイツの有力誌「シュテルン」や「シュピーゲル」に毎号掲載されるベストセラーランキングで高位置につけており、多くの言語にも翻訳されている。

　著者は原著書について以下のように語っている。

　「この本の本来のテーマは、アントン・チェーホフが投げかけた問い、『われわれはなぜなしうるように生きていないのか？』である。私はこの問いに徹底して向き合うことに関心をもっている。その際に重要なのは、説教講話を書くこととは正反対のことである。自らに問い、そして他者にも関心をもたなければならないと思うのである。複雑な現代社会において、すべての問題を解

決することが何よりも優先されることではないであろう。現実に対して誠意をもって対峙しつつ、新たに向けられる重要な問いに取り組むことが大事なのである。われわれはどのように他者とそして自分自身と向き合っていくのか？」

　再統一から30年、ドイツはヨーロッパで経済的に安定し繁栄を享受している国の一つであった。しかし2015年に戦況が急激に悪化したシリア、イラク、アフガニスタンから大量の難民が流入し、メルケル首相は人道的立場から超法規的措置として彼らを受け入れた。以後ドイツ社会は、増え続ける難民に敵意を向ける極右組織が絡んだ大小さまざまな暴力行為に揺さぶられていく。

　社会を特に震撼させた事件としては以下のものがある。2019年6月、ヘッセン州カッセル市の行政長官で難民擁護の立場を表明していたヴァルター・リュプケ氏（CDU党員）が自宅で殺害された。これは、ドイツ国内で極右によって政治家が殺害された戦後初めての事件であった。また2020年2月には同じヘッセン州のハーナウ市で中東出身者が集まるバーで9人が銃撃された。さらには、多くの政治家がSNS上で激しい攻撃にさらされ殺害予告メールも送られているという現実もある。

　これらの極右組織による暴力行為に拍車をかけているのは、新型コロナウイルスの感染拡大によってヨーロッパ全体に広がった人種差別主義である。感染が東アジアにとどまっていた2020年2月頃から、アジア系の人びとへの、さらには中東出身者やイスラム教徒への差別的言動や暴力行為が大きな社会問題となっている。こうした状況に危機感をつのらせたドイツ政府は、「たとえこの危機（新型コロナウイルスの感染拡大）の中にあってもわれわれは右翼過激派との戦いを間断なく続けていく」と表明し、極右組織を次々と非合法化していく。

　社会の分断という現実を前にして共存の基盤の崩壊を危惧した

著者は、連帯のための他者への「誠意（Anstand）」を提唱する。この姿勢は、本書で彼がとり上げているユヴァル・ノア・ハラリ氏（36頁訳注を参照）が「フィナンシャル・タイムズ」紙の2020年3月20日号に書いた記事の内容に通ずる。

「新型コロナウイルス後の世界——この嵐もやがて去る。だが今行なう選択が長年に及ぶ変化を私たちの生活にももたらしうる」（柴田裕之訳）の中でハラリ氏は、「不和の道」は「将来さらに深刻な大惨事をくり返す」だけであり、「グローバルな協力」によってしか今回のウイルスのみならず「21世紀に人類を襲いかねない感染症や危機を克服できない」と説いている。そしてアメリカが「新ワクチンの専売権を独占的に買い取ろうと、あるドイツの製薬会社に10億ドルという金額を提示し、ドイツをあきれ返らせた」ことも明かしている。

2020年7月に欧州連合（EU）の議長国に就いたドイツのメルケル首相は8日の理事会のスピーチの中で、「うそや誤った情報と同様に、憎しみと扇動をもってはわれわれはパンデミックと戦えない。事実を否定するポピュリズムには、その限界が示されよう」とし、「すべての国の譲歩が必要である」と国際協調路線を呼びかけ、7500億ユーロのEU復興基金案を提示した。

グローバルな時代の、グローバルな病を克服できるのは、ナショナリズムや孤立主義、me first（自分が第一）などではなく、グローバルな姿勢と対策と行動であろう。そしてその土台となるものは、政治家や専門家の対応だけではなく、ハッケ氏が本書で提唱しているように、われわれ一人ひとりがもつべき他者へのAnstandであろう。そのAnstandはやがて融合体となり社会を形成する。そうした社会こそがグローバルな危機を克服できるはずである。「われわれは不和の道を進むのか、それともグローバルな団結の道を選ぶのか？」とハラリ氏は問うている。超微小の

細胞をもたない非生物との壮絶な戦いの経験から、人類は他者との連帯による共存の道を学ぶべきではないだろうか？

　著者は、「私」と「友人」による会話という形で具体的な事例をあげ、また先人ならびに現に問題提起をしている人物たちの著書や言動を取り上げながら進めていく。

　訳出は74ページ10行目までの前半部分を田村が、後半部分を山本が行い、その上で主な訳語の統一などを図ったが、不統一な点や誤りは多々あると思われる。読者の皆様のご批判とご指導をいただければ幸甚である。

　末筆ながら、私たちにとって三度目となる翻訳の企画に応じてくださった行路社の楠本耕之様に深謝いたします。

2020年9月

訳者

訳者紹介

田村萬里（たむら・まり）

早稲田大学第一文学部、東京都立大学人文学部卒業。大阪市立大学大学院文学研究科（ドイツ文学専攻）修了。ドイツ、トリア大学留学。現在、同志社大学ドイツ語嘱託講師。訳書：H・シュミット『ヘルムート・シュミット対談集』（2001、共訳、行路社）、J・S・アッハ「胚、火星人およびライオン――堕胎の倫理のために」（共訳）、H・ヘップ「生命の始まりにおける倫理的諸問題」（『医の倫理3』所収、刊行予定、富士書店）、M・シャート『ヒトラーに抗した女たち』（2009、共訳、行路社）

山本邦子（やまもと・くにこ）

京都大学文学部博士課程修了（宗教学）。訳書：S・キェルケゴール「序言」（『原典訳・記念版 キェルケゴール著作全集』第8巻所収、1992、創言社）、H・シュミット『ヘルムート・シュミット対談集（2001、共訳、行路社）、M・ブーバー『モーセ』（『マルティン・ブーバー聖書著作集』第1巻、2002、共訳、日本キリスト教団出版局）、M・シャート『ヒトラーに抗した女たち』（2009、共訳、行路社）他。論文：「近代における人間の問題」（『宗教研究』第277号所収、1988、日本宗教学会）、「悪魔的なもの」（『宗教の根源性と現代』第3巻所収、2002、晃洋書房）他。

誠意が問われるとき
困難な時代をいかに共生するのか

2020年11月15日　初版第1刷印刷
2020年11月25日　初版第1刷発行

著　者──アクセル・ハッケ

訳　者──田村萬里
　　　　　山本邦子

発行者──楠本耕之

発行所──行路社　Kohro-sha

　　　　　520-0016 大津市比叡平3-36-21
　　　　　電話 077-529-0149　ファックス 077-529-2885
　　　　　http://cross-media-jp.com
　　　　　郵便振替　01030-1-16719

装　丁──仁井谷伴子

組　版──鼓動社

印刷・製本──モリモト印刷株式会社

日本語版 ©2020 by KOHRO-SHA
Printed in Japan
ISBN978-4-87534-451-3　C3036

● 行路社の新刊および好評既刊（価格は税抜き）http://kohrosha-sojinsha.jp

母たちと息子たち アイルランドの光と影を生きる C.トビーン／伊藤範子訳 四六判

300頁2400円 ■この挑戦的な短編集では、登場者がそれぞれに多様な瞬間瞬間と背景の中で、いきいきとかつ質感豊かに描かれる。彼独特の手法が、時代を代表する偉大な文章家を私たちに示している。

交差する眼差し ラテンアメリカの多様な世界と日本 浅香幸枝 編 A5判304頁2800円

■ラテンアメリカ地域は人の移動により国民国家が形成され、様々な民族からなる文化の多様性を持っている。その実像を多面的に明らかにしつつ、ラテンアメリカと日本との相互理解の促進をも目指している。

「1968年」再訪 「時代の転換期」の解剖 藤本博 編 A5判328頁3000円

■「1968年」を中心に広く1960年代から1970年代初頭のグローバルな歴史的転換とその世界史的意義を、文化・思想の側面までも含め、総合的に検討する。

ことばを教える・ことばを学ぶ フィヒテ言語・複文化・ヨーロッパ言語共通参照枠（CEFR）

と言語教育研究 泉水浩隆編 A5判352頁3000円 ■近年注目を集めている「ヨーロッパ言語共通参照枠」（CEFR）について、スペイン語・フランス語・ドイツ語を中心に、欧州におけるその現状と今後、日本におけるその受容・現状・今後を、言語学的・言語教育的・社会言語学的視点から分析・考察する。

現代に生きるフィヒテ フィヒテ実践哲学研究 高田純 A5判328頁3300円

■フィヒテの実践哲学の生れくる過程とその理論構造を彼の時代の激動のなかで考察し、その現実的意味を浮き彫りにする。彼がその時代において格闘し、彼の投げかけた諸問題は今こそその輝きを増している。

記憶の共有をめざして 第二次世界大戦終結70周年を迎えて 川島正樹編

A5判536頁4500円 ■20世紀以降の歴史研究においてさえ戦争をめぐる事実の確定が困難な中、歴史認識問題等未解決の問題と取り組み、好ましき地球市民社会展望のための学際的研究の成果であるとともに、諸国間での「記憶」の共有を模索する試み。

法の原理 自然法と政治的な法の原理 トマス・ホッブズ／髙野清弘 訳 A5判352頁3600円

■中世の鎧を剥ぎとるがごとく苛烈な政治闘争の中に、まさに命がけでしかも精緻に数学的手法を積みかさね、新しい時代に見合う新しい人間観を定義し、あるべき秩序、あるべき近代国家の姿を提示する。

カント哲学と現代 疎外・啓蒙・正義・環境・ジェンダー 杉田聡 A5判352頁3400円

■カント哲学のほとんどあらゆる面（倫理学、法哲学、美学、目的論、宗教論、歴史論、教育論、人間学等）に論及しつつ、多様な領域にわたり、現代焦眉の問題の多くをあつかう。

南米につながる子どもたちと教育 複数文化を「力」に変えていくために

牛田千鶴編 A5判264頁2600円 ■日本で暮らす移民の子どもたちを取り巻く教育の課題を明らかにするとともに、彼（女）らの母語や母文化が生かされる教育環境とはいかなるものかを探る。

地球時代の「ソフトパワー」 内発力と平和のための知恵 浅香幸枝A5判366頁

2800円 ■ニューパラダイムの形成／地球社会の枠組み形勢／共通の文化圏の連帯／ソフトパワーとソフトなパワーの諸相／ソフトなパワーとしての日本人／大使との交流、他

ヒトラーに抗した女たち その比類なき勇気と良心の記録

M・シャート／田村万里・山本邦子訳 A5判2500円 ■様々な社会階層の中から、これまであまり注目されないできた女性たちをとりあげ、市民として抵抗運動に身をささげたその信念と勇気を。

フランス教育思想史 [第3刷] E.デュルケーム／小関藤一郎訳 四六判710頁

5000円 ■フランス中等教育の歴史／初期の教育と教育制度／大学の起源と成立／大学における論理学教育／大学の意味・性格組織／ルネッサンスの教育／現実主義的教育論／19世紀における教育計画／ほか

集合的記憶 社会学的時間論 M. アルヴァックス／小関藤一郎訳 四六判280頁2800円

■集合的記憶と個人的記憶／集合的記憶と歴史的記憶／集合的記憶と時間／集合的記憶と空間／等

近現代世界における文明化の作用 「交域」の視座から考える 大澤広晃ほか編

A5判200頁2200円 ■地域横断的な比較の視座から、さまざまな分野の専門家がそれぞれの視点から、ヨーロッパ、アジア、アフリカを対象に、文明化の作用を歴史の具体的な相において捉えようとする。

ラテンアメリカ銀と近世資本主義 近藤仁之 A5判208頁2600円

■ラテンアメリカ銀が初期にはスペインを通して、後にはピレネー以北のヨーロッパに流れ、資本蓄積を可能にしたという事実を歴史的な視野から、世界史を包括する広大な論理体系として構築する。

ホワイトヘッドの哲学 創造性との出会い Ch・ハーツホーン／松延慶二・大塚 稔訳

A5判404頁3500円 ■多年にわたるホワイトヘッドとの格闘的対話から生まれた思索の集成。Whの斬新な直感のうちに哲学の無尽蔵の可能性を見出す。

タウラー全説教集 中世ドイツ神秘主義 [全4巻] Eルカ・橋本裕明編訳

A5判平均320頁 Ⅰ.Ⅲ.Ⅳ 3000円 Ⅱ:3200円 ■中世ドイツの神秘家として、タウラーは偉大なエックハルトに優るとも劣らない。ここに彼の全説教を集成する。

私　ヴォルフガング・ヒルビヒ／内藤道雄訳

四六判　456頁　3400円＋税

ベルリンという大年増のスカートの下、狂った時計の
なかからまったく新しい「私」の物語が生れる。現代
ドイツ文学最大の収穫！

映画の文体──テクニックの伝承

杉山平一　四六判　272頁　2500円＋税

文学がストーリーではなく文体であるように、映画
もまたストーリーではなく映像の駆使によって輝く。
杉山映画美論の集大成。

社会福祉の理念と技法

中久郎編　A5判　228頁　2500円＋税

社会福祉活動にとっての基本理念に立って、福祉のさま
ざまな分野にわたる方法や技法、心のケア等についての
総合的探求。

ディープ・コミュニケーション

──出会いなおしのための「臨床保育学」

今村光章　四六判　268頁　1800円＋税

誰もが誰の話も聞かない「一人語り」の社会にあってあくまでも私的体験に
よって語られる「深い出会い」再発見の試み。

女性・戦争・人権　6号 ［特集］関東大震災八〇周年＊近現代史再考

A5判　244頁　2000円＋税

山田昭次、ロニー・アレキサンダー、権仁淑、植田朱美、戸塚悦朗、大橋稔、
志水紀代子、井桁碧、大越愛子、山下英愛、中原道子、柳本祐加子ほか

コミュニケーションをデザインする

仁愛大学コミュニケーション学科編　A5判　320頁　2500円＋税

ジャーナリズム、文化人類学、企画開発、ビジュアル、経営学、異文化理解、
英語教育学、心理学、映像、メディア、情報処理等多彩な学際的アプローチ。

イスパニア図書　6号　A5判　274頁　1800円＋税

増田義郎、本田誠二、五十嵐一成、片倉充造、高橋博幸、坂東省次、吉田彩子、
樋口正義、浅香武和、東塚磨、高野潤、西川和子、川成洋、米谷勲ほか

郵便往復はがき（往信）

料金別納
郵便

□□□-□□□□

行路社, 素人社, クロスメディアハウス, 京都セルバンテス懇話会
〒520-0016 大津市比叡平 3 丁目 36-21 Ph. 077-529-0149 Fax. 529-2885
e-mail：kusu@d3.dion.ne.jp http://cross-media-jp.com

ヘルムート・シュミット対談集 回顧から新たな世紀へ 田村万里・山本邦子訳 A5判200頁 2000円
■リー・クワン・ユー、ジミー・カーター、シモン・ペレス、ジスカールデスタン、ダーレンドルフ、ゴルバチョフ、キッシンジャー、ヘルムート・コールらとの対談集。

賽の一振りは断じて偶然を廃することはないだろう 付：フランソワーズ・モレルによる解説と注
マラルメ／柏倉康夫訳 B4変型 6000円 ■最後の作品となった『賽の一振り…』は、文学に全く新たなジャンルを拓くべく、詩句や書物をめぐる長年の考察の末の、マラルメの思索の集大成とも言える。自筆稿や校正への緻密な指示なども収める。

マラルメの火曜会 神話と現実 G.ミラン／柏倉康夫訳 A5判190頁 2000円
■パリローマ街の質素なアパルトマンで行なわれた伝説的な会合……詩人の魅惑的な言葉、仕草、生気、表情は多くの作家、芸術家をとりにした。その「芸術と詩の祝祭」へのマラルメからの招待状！

ラ・ガラテア／パルナソ山への旅 セルバンテス／本田誠二訳・解説 A5判600頁 5600円
■セルバンテスの処女作『ラ・ガラテア』と、文学批評と文学理論とを融合したユニークな彼にとっての〈文学的遺書〉ともいえる自伝的長詩『パルナソ山への旅』を収録する。

「ドン・キホーテ」事典 樋口正義・本田誠二・坂東省次・山崎信三・片倉充造編 A5判上製436頁 5000円
■『ドン・キホーテ』刊行400年を記念して、シェイクスピアと並び称されるセルバンテスについて、また、近代小説の先駆とされる本書を全体的多角的にとらえ、それの世界各国における受容のありようについても考える。

ロルカ『ジプシー歌集』注釈 [原詩付き] 小海永二 A5判320頁 6000円
■そこには自在に飛翔するインスピレーション、華麗なるメタファーを豊かに孕んで、汲めども尽きぬ原初のポエジーがある。

ガルシア・ロルカの世界 ガルシア・ロルカ生誕100周年記念 四六判288頁 2400円
■木島始,岸田今日子,松永伍一,鼓直,本田誠二,野々山真輝帆,小海永二,小川英晴,原子修,川成洋,佐伯泰英,福田善之,飯野昭夫,ほか

新たな宗教意識と社会性 ベルジャーエフ／青山太郎訳 四六判408頁 4000円
■ペテルブルグ時代の本書は、宗教的アナーキズムへの傾向を示す。「しかし私の内部では、あるひそかな過程が遂行されていた」。

創造の意味 ベルジャーエフ／青山太郎訳 四六判568頁 4500円
■「この書物は私の疾風怒濤の時代にできたものである。これはまた、比類のない創造的直感のもとで書き下されたものだ」

共産主義とキリスト教 ベルジャーエフ／峠尚武訳 四六判352頁 4000円
■「キリスト教の価値……」「キリスト教と階級闘争」「ロシア人の宗教心理……」など、彼の〈反時代的考察〉7本を収録。

ベルジャーエフ哲学の基本理念 実存と客体化 R.レスラー／松口春美訳 四六判336頁 2500円
■第1部：革命前におけるベルジャーエフの思想的変遷——実存と客体化にかかわる重要なテーマを提示するとともに、その思想的基盤をも概観する。第2部：ベルジャーエフの中期および後期著作における客体化思想の基礎づけ

柏木義円日記 飯沼二郎・片野真佐子編 A5判572頁 5000円
■日露戦争から日中戦争にいたるまで終始非戦・平和を唱え、韓国併合、軍部政策、シベリヤ出兵、徴兵制等を厳しく批判、足尾の鉱毒、売娼問題、朝鮮人、大杉栄の虐殺、二・二六や国連脱退にも果敢に論及した柏木義円の日記。

柏木義円日記 補遺 付・柏木義円著述目録 片野真佐子編・解説 A5判348頁 3000円
■第一次大戦参戦期、天皇制国家の軍国主義・帝国主義の強化推進の現実と対峙し、自己の思想をも厳しく検証する。

柏木義円書簡集 片野真佐子編 A5判572頁 6000円
■日常生活の中での非戦論の展開など、その筆鋒は重厚な思想とその見事な表現に充ちている。また、信仰をめぐる真摯な議論、

柏木義円史料集 片野真佐子 編 解説 A5判464頁 6000円
■激しい時代批判で知られる柏木義円はまた、特に近代天皇制国家によるイデオロギー教育批判においても、他の追随を許さぬほどに独自かつ多くの批判的論考をものした。

ジンメルとカント対決 社会を生きる思想の形成 大鐘武 編訳 A5判304頁 3800円
■形式社会学の創始者でもあるジンメルが、個人と社会との関係をめぐり社会学を哲学との緊張関係のもとにおいて取り組む。

スペイン関係文献目録 坂東省次編 B5判上製箱入 400頁 8000円
■1868年以来日本で刊行されたスペイン関係の書籍、論文、記事、紀要、論集、雑誌、新聞などを網羅する研究成果を提示。

死か洗礼か 異端審問時代におけるスペイン・ポルトガルからのユダヤ人追放 フリッツ・ハイマン／小岸昭・梅津真訳
A5判上製216頁 2600円 ■スペイン・ポルトガルを追われたユダヤ人（マラーノ）が、その波乱に富む長い歴史をどのように生きぬいたか。その真実像にせまる。

倫理の大転換 スピノザ思想を梃子として 大津真作 A5判296頁 3000円 ■『エチカ』が提起する問題／神とは無限の自然である／神の認識は人間を幸せにする／精神と身体の断絶／観念とその自由／人間の能力と環境の変革について 他

三次元の人間 生成の思想を語る 作田啓一 四六判222頁 2000円
■遠く、内奥へ——学問はどこまで生の実感をとらえうるか。超越と溶解の原理をもとに人間存在の謎に迫る作田人間学。

還元と贈与 フッサール・ハイデッガー論攷 J-L.マリオン／芦田宏直ほか訳 A5判406頁 4000円
■〈ドナシオン〉を現象学的〈還元〉の中心に据え、『存在と時間』のアポリアを越えて、現象学の最後の可能性を指し示す。

近代科学と芸術創造　19～20世紀のヨーロッパにおける科学と文学の関係　真野倫平編
A5判456頁4000円　■学際的視点から、19～20世紀にかけてのヨーロッパにおける科学ならびに技術の発達を明らかにし、それが同時代の文学作品・芸術作品にいかに反映されているかを解明する。

初 夜 の 歌　ギュンター詩集　小川泰生訳　B4判変型 208頁 4000円
■生誕３００年を迎えて、バロック抒情詩の夭折の詩人ギュンター（1695－1723）の本邦初の本格的紹介。

私 Ich　ヴォルフガング・ヒルビヒ／内藤道雄訳　四六判 456頁 3400円
■ベルリンという大年増のスカートの下、狂った時計の中から全く新しい「私」の物語が生れる。現代ドイツ文学の最大の収穫！

ネストロイ喜劇集　ウィーン民衆劇研究会編・訳　A5判692頁6000円
■その生涯で83篇もの戯曲を書いて、19世紀前半のウィーンの舞台を席巻したヨーハン・ネストロイの紹介と研究

アジアのバニーゼ姫　Ｈ・Ａ・ツィーグラー／白崎嘉昭訳　A5判556頁6000円
■新しい文学の可能性を示す波瀾万丈、血沸き肉躍るとしか形容しようのない、アジアを舞台にしたバロック「宮廷歴史小説」

テクストの詩学　ジャン・ミィー／上西妙子訳　A5判 372頁 3500円
■文学が知と技によるものであることを知る時、読者は、文学的エクリチュールの考察、すなわち詩学の戸口に立っている。

移民の町サンパウロの子どもたち　ドラウジオ・ヴァレーラ／伊藤秋仁監訳
A5判 208頁 2000円　■ブラジルの著名な医師であり作家でもある著者の少年時代の回想記。サンパウロで暮らす移民とその子どもたちの生活の様子を生き生きと描く。ブラジルを理解し、より身近に感じることができるコラムも収録する。

棒きれ木馬の騎手たち　Ｍ・オソリオ／外村敬子訳　A5判168頁1500円　■不寛容と猜疑と覇権の争い
が全ヨーロッパをおおった十七世紀、子どもらによる《棒きれ木馬》の感動が、三十年に及ぶ戦争に終わりと平和をもたらした。

約束の丘　コンチャ・Ｒ・ナルバエス／宇野和美訳・小林昭解説　A5判184頁2000円　■スペインを追われたユダヤ人
とのあいだで400年間守りぬかれたある約束……時代が狂気と不安にも移りゆくなか、少年たちが示した友情と信頼、愛と勇気。

ふしぎな動物モオ　ホセ・マリア・プラサ／坂東俊枝・吉村有理子訳　四六判168頁1600円　■ある種の成長物
語であるとともに、子どもの好奇心に訴えながら「自分っていったい何なんだ」という根源的な問いにもちょっぴり触れる。

メキシコ近代公教育におけるジェンダー・ポリティクス　松久玲子編　A5判304頁3000円
■ディアス時代の教育と女性たち／革命動乱期の教育運動とフェミニズム／ユカタン州フェミニズム会議と女子教育／1920年代の優生学とフェミニズム運動／ユカタンの実験と反動／母性主義と女子職業教育／社会主義と教育とジェンダー、ほか

メキシコの女たちの声　メキシコ・フェミニズム運動資料集　松久玲子編　A5判508頁6000円
■メキシコ女性の言説を収集した一次資料を駆使して、メキシコのフェミニズム運動を通時的・共時的に分析し紹介するはじめての体系的研究で、多年にわたる日墨女性学研究者たちによる共同研究の成果。

デュルケムによる《教育の歴史社会学》　「秩序」の交替と「人間類型」の変遷　古川敦
■A5判上製450頁5000円　■デュルケムによって展開された〈教育事象にかんする歴史社会学的考察〉の現代的意義。

デュルケムの教育論　J-C フィユー編／古川敦訳　A5判274頁3000円
■教育に関するデュルケムのテキストを捉え直し、彼の教育学説そのものを徹底的に検証する画期的な労作。

アウグスティヌスの哲学　Ｊ・ヘッセン／松田禎二訳　四六判144頁1300円
■著者は、アウグスティヌスの精神の奥深くでいとなまれる内面的な生成の過程を、深い共感をもって遍歴する。

生活世界と歴史　フッセル後期哲学の根本特徴　Ｈ・ホール／深谷昭三訳　A5判148頁1600円
■フッセル未公刊の諸草稿群を駆使して、超越論的主観性の歴史と世界、神の問題に目を向け、自己自身を超えて出て行く苦悩にみちた後期フッセル哲学の問題点を明快に抉り出す。

大地の神学　聖霊論　小野寺功　四六判260頁2500円　■日的霊性とキリスト教／場所的論理と宗教
的世界観／三位一体のおいてある場所／聖霊論／聖霊神学への道／日本の神学を求めて、ほか

仏教的キリスト教の真理　信心決定の新時代に向けて　延原時行　四六判352頁3800円
■在家キリスト教の道を歩む過程で滝沢克己に、またJ.カブに出会い、今、仏教とキリスト教の対話の彼方に新たな道を照らし出す。

シュライエルマッハーの美学と解釈学の研究　岡林洋　A5判274頁4000円
■「芸術宗教」を越えて／美学思想形成期におけるシェリングの影響／美学の弁証法的基礎づけ／美的批評の倫理学的基礎づけ／等

シェリングとその時代　ロマン主義美学の研究　神林恒道　A5判 284頁 3000円　ロマン主義芸術論
の射程を「芸術の終焉」を超えて「芸術のモダニズム」にまで拡げ、「芸術における近代」の意味を問直す。

マイスター・エックハルトの生の教説　松田美佳　四六判288頁2600円
■トマスの倫理学との比較においてエックハルトの、いわばヴェールにつつまれた神秘的な言説を脱神秘化し彼の思想構造を解明する。

近世哲学史点描　デカルトからスピノザへ　松田克進　四六判 256頁 2500円　■デカルトの二元論は独我
論に帰着するか／デカルト心身関係論の構造論的再検討／デカルト主義の発展／スピノザと主観性の消失／自己原因論の目撃者としてのスピノザ／スピノザと精神分析／環境思想から見たスピノザ／決定論者はなぜ他人に感謝できるのか──対人感情と自由意志